INDICE

54. Neuroconciencia, Metafísica y Taoísmo
55. Longevidad
56. Elimina tus miedos
57. El cambio, porqué y para qué cambiar

OVNIS/CUARSOS/MENTE/NEGOCIO/AURAL

Buscar patrocinios para impulsar la imagen de Sinaloa para el gran mundo.

Hombres y Mujeres, Escritores, Inventores, cantantes, empresarios, deportistas, artistas.

Promover ideas y motivar a vivir en armonía los más humanamente posible sirviendo a los demás.

Introducción

Este sencillo libro, es como una pastilla que cura el cuerpo y espíritu, porque se propone hablar de lo misterioso, raro, invisible, que siempre está en forma de armonía, casualidad, movimiento de espíritu, emociones y presencia divina.

Estas reflexiones están redactadas a propósito con la aventura de la espiritualidad, no es más que un proyecto de vida.

El deseo de ayudar al lector a la búsqueda de los senderos personales a fin de encontrar la fórmula para ser feliz

PROLOGO

He tenido cientos de libros al alcance de mis manos y sólo leí los que ocupe en su momento por el trabajo y la presión y pretexto; no leí los demás, hasta ahora me doy cuenta que no hay que correr para alcanzar el éxito, este llega cuando estás preparado y te das cuenta que en la vida uno pierde de vista el presente pensando en los problemas del pasado que no te dejan tener un mejor futuro y por estar distraído y no aprovechar el día de hoy pierdo muchas oportunidades tanto de aprender, disfrutar, servir y optimizar los dones que Dios me dio y amar a los que me rodean siendo tan fácil después de hacer este libro de observar una vida de colores y tratar a los que me rodean como alguien importante y lo que das recibes y en una forma más tranquila sin andar a las carreras disfrutar la vida que es pasajera y la muerte no te debe preocupar ya que llegará cuando solo nos queda ayudar para que otros con nuestros ejemplos sus vidas puedan mejorar. Estar pasivos no debemos, solo nos queda actuar.

Todos queremos mejorar rápidamente

Pero no nos atrevemos a cambiar ciertos hábitos y actitudes que hacen que nuestras costumbres nos mantengan en nuestro estado actual y cuando queremos cambiar queremos que sea rápido, sin pensar que todos los cambios rápidos generan desequilibrios, inestabilidad y si no, estamos preparados para enfrentar estas situaciones sufrimos, sin embargo cuando observamos un árbol que da frutos o la gestión de un nuevo ser se lleva tiempo considerable para materializarlo y llena de dicha al que lo contempla. En este libro de 57 minutos para cambiar se empieza por cambiar el punto de vista y los pensamientos hacia la vida y luego los hábitos, posteriormente las costumbres y por último el estilo de vida, sintiéndose más dichoso y haciendo sentir afortunados a los que nos rodean.

57 minutos para cambiar

Fifty seven to change

Wo chu jua

¿Eres Feliz? ¡No Leas Este Libro!

Es solo para los que dicen: Yo no soy como quiero ser

Excelente para un primo de un amigo de mi hermano

Si eres feliz no leas este libro por favor no cambies

Tanto es lo que creemos que sabemos que ignoramos a

Los   demás y al universo que se expande a cada minuto

sin darnos cuenta.

1- SATISFACE TU VIDA SINTIÉNDOTE SATISFECHO

no lo estas, quieres cambiar sabes lo que necesitas, qué estás dispuesto hacer y si tienes la

erza de voluntad para lograrlo, recuerda que eres y, por lo que tienes en tu mente cambia lo

ue hay en tu mente uno cree que es único e irrepetible y no llenamos de egoísmo y soberbia y a

edida que pasa el tiempo nos damos cuenta de lo que nos rodea, como el sol, nos da su calor y

ɔ le damos nada a cambio , cuando niños queremos jugar, crecer, cuando jóvenes amar y ganar

ucho dinero para comprar casa, auto , viajar y cuando somos mayores de 50 años queremos

ɟidar nuestra salud y la de nuestros seres queridos para disfrutarlos más; debemos sembrar hoy

 que queremos cosechar mañana, nos hacemos día a día y tenemos la oportunidad de

ejorarnos cambiando lo que no nos gusta de nuestros pensamientos y acciones piensa como te

ɟstaría ser y dile a los que te rodean que los quieres (y te recomiendo decorar la casa con

nturas de flores, aves y mariposas que simbolizan el inicio del crecimiento y la creatividad del

ĩo que comienza).

ɔy planta un árbol o una planta en una maceta, el cambio empieza hoy tu eres lo que piensas,

ɾes el resultado de una gestación milagrosa un humano único e irrepetible con luz propia, ámate

ti mismo, cuando naciste no tenías nada lo que tienes te hace afortunado

ɔy ahorra una moneda en un frasco de 4 litros o galón,

n una carpeta guarda una foto de un momento feliz, en una libreta nueva escribe un sueño y

ɔnle una imagen que lo represente, ya sea dibujado o con un recorte de papel, mira el sol al

manecer y haz una inhalación profunda por la nariz y una exhalación fuerte por la boca.

ɔy toma té de canela, ahorra una moneda, guarda un recuerdo y escribe un sueño, mira paisajes

escucha música de Sinaloa.

2- COMO SER, INTELECTUAL O EMOCIONAL

Somos dos en uno cuerpo y mente lo que vemos y sentimos y lo que pensamos y soñamos en el cerebro procesamos lo que vemos escuchamos para hacernos sentir bien o mal o regular, la información que recibimos nos puede hacer ver un mundo hermoso, de colores o todo lo contrario, reír o llorar , sufrir o gozar, depende como procesemos la información, como , una vez iba al banco preocupado por abonar a la tarjeta de crédito molesto porque no me pagaron una factura de un cliente moroso pero me habían pagado otras y estaba esperando en el semáforo el cambio de luz para avanzar yo enojado dentro del auto con aire acondicionado se me acerco una señora discapacitada en una silla de ruedas, ya era mediodía, aunque el sol estaba quemando ella estaba disfrutando porque con su esfuerzo a su familia estaba alimentando, con las pocas monedas que el que pasaba le estaba dando. Cuántos de nosotros nos llevamos lamentando y la vida sufriendo la vemos pasando. Juntos restituyen a cada individuo, hombres y mujeres de todo el mundo, la capacidad de volver a fundir idea y acto de redimir la dignidad de la especie humana.

El ser intelectual es frio, analítico, exacto, el ser emocional es candente, emotivo, se interrelaciona, el ser humano camina en dos pies el ser intelectual arriba y el ser emocional abajo, todo lo que quieras cambiar para mejorar tu actitud hazlo empieza mintiéndote y terminaras creyéndote un amigo en la universidad se metió a la política como líder estudiantil con muy buena imagen, color blanco, ojos de color, buen físico, líder, rento casa cerca de un gobernador, saco un crédito para un auto nuevo muy entusiastita, va a clases en la universidad y tiene un programa de radio, como político no tuvo la oportunidad de escalonar por sus valores o principios pero se convirtió en un gran crítico de la política del México actual siendo valiosa su humilde opinión, puedes ser lo que quieras ser respetando y armonizando con los que te rodean.

Hoy ahorra dos monedas y toma un té de canela con bugambilia en la carpeta guarda otra foto de un momento feliz tendrás 2, en la segunda hoja de la libreta de sueños anota un segundo y tendrá 2, mira paisajes y escucha música Estados Unidos.

3- ARMONIZA TU CONCIENTE, SUBCONCIENTE E INCONCIENTE

Representa al Padre, el Hijo y el Espíritu Santo como uno en tres. Dijo el Papa Francisco donde quiera que este sé el alma de ese lugar, discutir no alimenta, reclamar no resuelve, la indignación no auxilia, la desesperación no ilumina, la tristeza no lleva a nada, la lágrima no sustituye al sudor, la irritación intoxica, deserción agrava, la calumnia atrae siempre lo peor, para todos los males continúa en paz, comprendiendo, ayudando, aguardando la participación sabia del tiempo. Un día bonito no siempre es un día de sol, pero con seguridad es un día de paz.

Tres son las partes que nos conforman una el cuerpo que es lo consiente vemos y tocamos dos, la mente o subconsciente que es lo que pensamos y nos imaginamos y tercera el espíritu o inconsciente que es lo que sentimos o soñamos que no lo vemos ni lo pensamos y como no lo conocemos no podemos ni siquiera imaginarlo como los sueños que no sabemos de donde surgen, como en el amor que no sabemos porque nace y nos aferramos a alguien si nos corresponde nos hace inmensamente felices y si no todo lo contrario. Al cuerpo lo alimentamos, pero no sabemos nutrirlo con comida saludable para que este siempre sano, la mente se nutre con conocimiento a través del estudio y la práctica de algún arte para desarrollarla siendo más creativos y en forma consiente se debe hacer sentir bien a los que nos rodean el espíritu se alimenta con oración y sirviendo a los que nos rodean para vivir extasiados armonizando con todos y todo lo que nos rodea sumamente si nos retiramos de la condición limitada para entrar en el reino espiritual, encontraremos la libertad y el dominio o como retirarse o mediante algún acto físico no es cuestión de atención. Cuando la atención está centrada en la iluminación en nuestra debilidad o en la de otros, o en nuestras dificultades, enfermedades y temores, somos esclavos de esas cosas. Como Pablo dice "Sois esclavos de aquel a quien obedeces". Pero cuando apartas tu atención – nuestro yo soy- de las cosas limitadas y la llevas a lo espiritual entonces estas en el estado de conciencia que las cosas limitantes ya no tienen poder. Por eso la plegaria científica realiza milagros, por esto invierte la vida de la gente, la saca del dolor y de la enfermedad y de una vida de pecado y auto desprecio. Representa un cuerpo perfecto, representa la paz, representa un alma integrada, representa superar nuestra limitación, podemos hacerlo, tenemos que hacerlo y en nombre de Jesucristo, debemos hacerlo

Guarda tres monedas, tres recuerdos felices y escribe tres sueños, mira la naturaleza, paisajes y escucha música que te relaje y tómate un té de 7 azares para dormir mejor.

Escucha música canadiense y conoce ciudades

4- ORIENTATE PARA SENTIRTE DICHOSO

En Abril del 2001 cuando estaba de viaje de estudios por la República Popular de China, en una conferencia en Yantai con maestros y empresarios chinos y sinaloenses, nombraron a Culiacán, Sinaloa ciudad hermana de Yantai y que teníamos todo para triunfar, lo único que teníamos que hacer era orientarnos ya que estábamos muy norteados, queremos los lujos y malas costumbres modernas del país que tenemos al norte y tomamos sus vicios y perdemos las buenas costumbres de disciplina, trabajo, honor, honradez y debemos orientarnos tomando lo mejor de la cultura oriental y su forma de trabajar con la regla de ganar ganar, sirviendo a clientes, empleados, medio ambiente y sociedad.

Cuatro son los puntos cardinales principales, oriente, poniente, norte y sur como saber en cual nos sentimos mejor cuatro amores, dios, la vida, la familia y los amigos y cuatro reglas en la vida una obedece a tus padres, segundo cumple tus propósitos, tercer no hagas lo que no te gustaría que te hicieran y cuarto paga tus deudas, hay cuatro preguntas que deberíamos hacernos: ¿Qué necesito en la vida para sentirme dichoso? ¿Qué necesito para obtenerlo? ¿Qué acciones debo emprender para lograrlo? ¿Quiénes me pueden ayudar a que sea menos difícil?, debemos plantearnos cuatro después para cada preguntar y encontraremos la solución por cada lucha obtén una victoria, por cada ofensa, ofrece un perdón, por cada desaliento, mucha fuerza, por cada necesidad da una bendición, la limpieza, el orden, la puntualidad y la obediencia hacen la disciplina si eres disciplinado tienes un 50%, de probabilidad de triunfar más 10% de la suerte, más 10% de tu conocimientos, 20% de tus dones y habilidades , 10% de tus amigos, conectando a la gente positiva y entusiasta.

Escucha música como we are to word usa y paisajes de EUA, hoy guarda cuatro monedas, escribe tu cuarto sueño y guarda el cuarto recuerdo hoy toma un café con clavo olor y canela endulzado con piloncillo haz 4 respiraciones profundad y mira el cielo y observa las estrellas alineadas.

Los países de la cuenta asiática del pacífico, Japón, China, Corea del Sur, Taiwan, Hong-Kong, Singapur, Tailandia, Malasia, Filipinas, Indonesia, Brunei, Papuasia, Nueva Guinea producen la cuarta parte del ingreso bruto mundial y se constituyen los nuevos centros financieros internacionales.

5- COSAS QUE NECESITAS EN LA VIDA.
APRENDE QUE COSAS PUEDES CAMBIAR Y CUALES NO

1. Viajar

2. Dinero para viajar

3. Dias libres para viajar

4. Una pareja que le guste viajar

5. Salud para viajar mas

Cuando era niño llené un álbum de estampas cuyo título era Viaja al Mundo con Walt Disney, de ese momento supe que quería ser jefe, ganar mucho dinero para viajar e ir a China, y una vez la maestra de primaria me dijo que para que perdía mi tiempo y dinero en las cartitas, le dije que quería viajar y como sabía que trabajaba en la tarde y vendía empanadas para ayudar a mi mama con el gasto se rio y me dijo que era bonito soñar pero perder el tiempo, no le dije que el álbum lo llenaré para enseñárselos a mis hijos y más se rio. Cuando pasaron 30 años la volví a ver, le presenté a mis hijos y le dije que ya había ido a china y enseñado el álbum a mis hijos y me dijo: nosotros los maestros les robamos los sueños a nuestros alumnos

En la religión católica sabiduría significa, estar en la quinta dimensión, que es el aquí y el ahora, ya que la primera es, como estar ahogándose sin encontrar la solución , la segunda es, tener a un lado a una persona ahogándose que queremos ayudar y sufrimos con ella, la tercera es, ver gente en la primera y segunda dimensión y sufrimos por no poder ayudarlos, aunque si queremos, pero no tenemos los recursos y la cuarta es cuando estamos muy cómodos y no nos interesa lo que pase a nuestro alrededor y solo nos interesa disfrutar, la quinta dimensión es el aquí y el ahora, el tiempo más valioso en el que podemos reír, gozar , llorar, admirar lo que nos rodea y disfrutar cada latido del corazón y con los cinco sentidos , escuchamos el presente significa regalo valoramos y apreciamos el aquí y el ahora , sé lo que quieras ser y empieza fingiendo y terminaras creyéndote, la culpa es el pasado y ahí se debe quedar, hoy toma 5 decisiones que deberías haber tomado entre ellas únete a una red de mercadeo para que convivas con gente positiva o a un grupo religioso que asista una vez por semana y a un equipo deportivo de natación para llenarte de energía para darte una para tu y otra para los que viven contigo, ya que la naturaleza hay cinco elementos que conforman todo: La tierra, Agua, aire y ego y dan vida por una energía llamada amor y encarnada por Dios creador del universo, así

ue con amor hacemos que las cosas sucedan, hoy toma te de manzana con canela ahorra 5

onedas, guarda un quinto sueño y tu quinto recuerdo, escucha música de Guatemala y

serva sus paisajes.

Los monjes que practican el Kun-Fu o Karate chino, tienen una leyenda que dice así: Parece ser que el budismo hindú fue introducido en china por un monje llamado Bodhi Dharma que según se estima vivió en el año 500 antes de Jesucristo y he aquí que este monje utilizaba como sistema de enseñanza el Budismo, la meditación llamada Chan en China y Zen en Japón y tenían que tomar el sol, descansar, hacer ejercicio, mantener una dieta, sentirse valiosos por servir a los demás elevando su autoestima y en tener amigos con quienes interactuar.

1 - La luz del sol: genera oxígeno en la fotosíntesis de las plantas y mata hongos y bacterias de la piel y en las habitaciones, también fortalece los huesos a los bebes se les debe dar baño de sol de 5 a 15 minutos al medio día y uno de adulto también debe asolearse mínimo una vez al mes.

2- EL descanso: Cuando el cuerpo se relaja las células que nos reparan llamadas NK o Natural Killer, son asesinos naturales que eliminan hongos y bacterias de nuestro organismo y nos ayudan a sanar

3- El ejercicio: sirve para fortalecer los músculos, nervios y los huesos a través de repeticiones de inhalar y exhalar por la boca, esto oxigena las células y es lo que elimina la oxidación que le da vida a la mitocondria siendo las células son como un pequeño sistema solar

El que se ejercita se mantiene en armonía constante.

4- La dieta: es comer en forma saludable equilibrando frutas, verduras, cereales y carnes en proporciones de 100 gramos, tomando té tibio en cada comida ayuda a eliminar grasas.

5- La autoestima: es decir que se quiera y valore uno mismo sin depender de que algunos nos aprueben lo que decidimos o pensamos estamos en el camino de la vida caminando hacia lo que queremos o pensamos.

6- Los amigos: pueden ser espirituales, cercanos o lejanos siempre que nos escuchen y nos den una sugerencia de cómo mejorar nuestra condición actual. Si ves la luna verás la belleza de Dios y si ves el sol verás el poder de Dios y si ves el espejo verás su mejor creación. Eres un turista, estas de paso, vive hoy. Ahorra seis monedas, escribe tu sexto sueño y guarda el sexto recuerdo, toma té de eucalipto y como un pan trigo con miel de enjambre, escucha música canadiense y

mira sus paisajes. Toma té de acelga, cura hígado y artritis.

Sigmund Freud dijo: Si un hombre ha sido sin discusión el favorito de su madre lleva a lo largo de su vida la sensación de triunfo una convicción de Éxito que no pocas veces conlleva auténtico éxito. Hay quienes no tienen éxito desde las perspectivas del entorno pero creen que los demás los consideran tremendamente exitosos cuando hay discrepancia entre la realidad y la visión de uno mismo; éste estado de engreimiento puede ser nocivo. De lo que se trata es de encontrar un buen equilibrio, no podemos pasar por la vida corriendo sin disfrutar y valorar lo que tenemos somos nosotros mismos los que decidimos si el vaso esta medio lleno o medio vacio.

7-El siete significa por siempre y hay siete fuerzas emocionales que nos ayudan a crecer, amar, agradecer, perdonar, querer, servir, dar, existen siete niveles de conciencia:

PRIMERO: color rojo, sonido Do: es el instinto, comer, actuar, sexuales, hambrientos, ignorante y aprendemos a prueba y error sufriendo solos en el

SEGUNDO: color naranja sonido RE: Creemos en el físico, nos somos golosos, soberbios, emotivos, desconfiados, muy efusivos nos existamos o deprimimos fácilmente contamos con poca sabiduría.

TERCERO: color amarillo sonido MI: la felicidad está en las cosas, muy represivo todo es pecado o virtud, guerreros, no aman solo buscan el éxito o el dinero, son egoístas, no buscan éxito solo odio y venganza o lograr su objetivo siendo independientes.

CUATRO: Color verde sonido FA: respetamos el libre albedrío, somos auto observadores, autocontrol, asumimos nuestra responsabilidad sin culpar a otros, perfeccionan su espíritu, son neutros.

QUINTO: color azul sonido SOL: son compresivos armonioso, muy corteses, amorosos con virtudes, sabios, sirven a los demás, no controlan, ni quieren ser famosos son como hermanos mayores muy adaptables.

SEXTO: color morado sonido LA: contemplativos, armoniosos, neutros, puro amor, controlan los materiales, son espirituales.

SIETE: Color fusia sonido SI: son sublimes, sabios, consientes, dichosos, incontaminables, maestros, no carecen de la tenacidad, son dichosos, viven gozando y extasiados.

Hoy ahorra 7 monedas, escribe tu séptimo sueño y guarda tu séptimo recuerdo haz 7 respiraciones profundas inhalando por la nariz y exalando por la boca, toma un té de manzanilla, por la noche escucha música del Salvador y conoce sus paisajes.

Solo vale la pena vivir por la salud, la felicidad y los seres queridos pero dentro de un mundo respetuoso de sí mismo y de los otros. De lo contrario ni siquiera vale la pena hablar o escribir sin objetivos o realizaciones que nos ayuden a crecer como gente. La salud depende de canalizar la energía sexual, el almacenarla sin utilizarla hace que explote en muchas desviaciones o matices carnales, por eso hay muchas solteronas o solteros confundidos, deben desarrollarse en su medio social y trascender como personas conociendo la Historia Dinámica y Dialéctica.

El ocho es el número que representa el infinito y quiere decir renovación: no triunfamos por miedo a fracasar el fracaso te da experiencia. Y éxito, aléjate de la gente pesimista y quienes nunca quieren ser un mejor hijo, hermano, amigo, padre, amante, abuelo, trabajador, ciudadano, humano, etc...., escribe ocho cualidades que no te han dejado ser mejor y en cada cualidad analiza que necesitas hacer para lograr y practicarla diario durante 21 días y aquí empezaras imitando y terminaras siendo, la practica hace tu habilidad y habilidades hacen cualidades las cualidades , hacen costumbres, las costumbres estilo de vida, analiza cómo quieres ser en 5 años y donde quieres estar y empieza hoy si no sabes prepárate. Porque las oportunidades solo les llegan a las personas preparadas y entre más cualidades más ventajas de sobresalir y triunfar siendo exitoso en lo que hagas obtendrás fortuna y esta solo crece donde se emplean energías, hay ricos generosos ya que conocen la ley de reciprocidad entre más das más recibes como un rio que da siempre fruye y un rio , estancado se convierte en pantano, debemos darnos y recibir para ser mejores seres humanos, ya que cada día es un nuevo comienzo, ya que se llama presente, es un regalo para hacer mejor lo que no nos gusta del pasado y sembrar las semillas de lo que queremos cosechar en la mañana para nuestros hijos y seres humanos , hoy ahorra 8 monedas , escribe un octavo sueño y guarda tu octavo recuerdo, haz 8 respiraciones profundas inhalando cariño y exhalando amor. Escucha música de Honduras y conoce sus paisajes.

9-DESITOXICATE Y SUPERATE

si perfecto para ser mejor hay que estar mejor

esintoxícate: hoy y toda la semana desayuna un jugo de piña, nopal, apio y naranja y come una

pa de verduras y cena un pan de trigo con miel, no consumas alimentos procesados por la

che y durante el día evita los refrescos, las arenas refinadas, chocolates, las salsas picantes

latadas, dulces, postres y frituras. Te ayudara a eliminar toxinas y limpiar la grasa en las

terias y el hígado ya que es donde se producen la mayoría de las enfermedades crónicas

generativas y mejora tu salud consumiendo fruta diariamente y come arándano, nuez,

mendra, cacahuate, pasas, manzana, piña y evita las botanas procesadas con aceite para

ejorar tu cuerpo y para desarrollar tu mente. Para eliminar los parásitos intestinales toma té

perejil chino con hierbabuena lo que abarquen 3 dedos de la mano, ponga a hervir junto con

edio litro de leche, se toma en ayunas, hasta que desaparezcan los parásitos.

1- Lee más rápido y más libros masticando chicles mientras lees

2- Habla más fuerte y claro hasta cuando preguntas, cambia el timbre de tu voz

3- Habla en positivo sin criticar

4- Concéntrate en lo que sabes y obtén acuerdos

5- Haz ejercicio mínimo 5 minutos y oxigenarás tu cerebro

6- Habla contigo mismo a solas y encontraras respuestas

7- Aprende otro idioma y practícalo

8- Haz las cosas del modo difícil y saca cuentos con la mente

9- Descubre que es lo que te hace perder el tiempo

oy ahorra 9 monedas, escribe tu noveno sueño y guarda un noveno recuerdo, haz 9

spiraciones inhalando tranquilidad y exhalando amor.

Tomate un té de canela en la noche y pon canela en un plato con clavos de olor en tu recamara y duerme desintoxicándote y superándote. Escucha música de Nicaragua y observa sus paisajes.

10- BUSCA LA EXCELENCIA

El ser lo mejor con exceso hace que la gente se sienta óptimamente y sucede que al sentirse así lo hace a uno elevarse a la altura de las circunstancias, desenvolverse óptimamente "trátame con C dice un empleado y tendrá un esfuerzo C, tráteme como un A y tendrá un resultado A o cuando menos el mejor de los esfuerzos. Una persona de limpieza se siente orgulloso de tener los baños limpios y olorosos y le da excelencia a su trabajo siendo la base de la imagen de la empresa o club deportivo.

10-El diez representa lo prefecto, la búsqueda de la excelencia, es buena, si no daña a los que nos rodean, recuerda que los seres humanos somos imperfectos solo lo perfecto es inhumano, ya que carece de vida y crea el hombre a su conciencia y conveniencia, lo que es perfecto para unos , no lo es necesariamente para otros, la rectitud conduce a la felicidad , comprender el todo te hará justo y benevolente y serás un buen ser humano ve lo simple y disminuye los deseos como el amor, para ser recto se debe hacer lo que la sociedad exige como leyes y en la familia como reglas y en la religión como mandamientos

I- Amarás a Dios sobre todas las cosas.	1. Tenga principios y valores
II- No jurarás en el nombre de Dios ,en vano.	2. Establezca metas
III- Santificarás las fiestas.	3. Mida la productividad
	4. Cree líderes
IV- Honrarás a tu padre y a tu madre.	5. Equipare Autoridad y Responsabilidad
V- No matarás.	
VI- No cometerás actos impuros.	6. Establezca Competiciones y Recompensas
VII- No robarás.	7. Cree un clima de orgullo
VIII- No darás falsos testimonios ni dirás mentiras.	8. Eduque y retroalimente
IX- No consentirás pensamientos ni deseos impuros.	9. Cree un clima profesional
X- No codiciarás los bienes ajenos.	10. Ocúpese de que suceda

Una segunda vida, sólo se logra renovándose para replantearse objetivos y lograr los sueños con acciones y pensamientos positivos, no vemos las virtudes que tenemos unas las cualidades debemos cultivar y hacerlos de manera positiva complementándonos con un equipo. ¿Cuáles son tus virtudes? Tómate un té de yerbabuena y pon una ramita en tu recamará y duérmete pidiéndole a Dios que ilumine tu mente. Busca primer el reino de Dios y su justicia divina y todo los dará por añadidura. Hoy ahorra 10 monedas, escribe 10 sueños, guarda 10 fotografías de momentos felices haz 10 respiraciones. Escucha música de Costa Rica, China y conoce sus paisajes.

11- INCREMENTA TU AUTOESTIMA

Las personas que tienen baja autoestima es por falta de motivos para estar satisfechos con la vida, pero además les faltan minerales y proteínas para alimentar al cerebro y se convierte en una enfermedad llamada depresión y hay que visitar a un experto. Invertir en nuestra salud mental es sentirnos bien físicamente. Para ser productivos y evitar el suicidio que impide disfrutar lo hermoso de este mundo

Significa cuanto te quieres siendo agradecido, respetándote, creyendo en ti sin compárate, siendo limpio, innovándote, diciendo no a lo que sabes que te dañara física, mental o espiritualmente, vistiéndote apropiadamente según el lugar en que estés, escribe tus logros en un diario, aumenta tus cualidades y ahorra para luego invertir en tu mente y tu mente alimentara tu cuerpo. Un humano amoroso escribió un pensamiento sobre la vida:

1- El cielo puedes esperarlo si haces el bien y si no existiera el edén puedes tenerlo en la tierra, Dios está dentro de ti.
2- Los hijos no son solo tuyos, solo quiérelos y edúcalos con el ejemplo no esperares que te lo agradezcan hasta que seas abuelo y diles cuanto los amas.

3- Agradece a tus padres que te dieron la vida para gozar este mundo

4- Al amor y al viento, admíralos y nunca los desafíes si quieres ser navegante, acostúmbrate a vivir en crisis siempre

5- EL amor está en un beso y una sonrisa disfrútala a diario, las abejas y las mariposas no buscan la flor más linda.

6- Obtén una economía que mantenga a tu familia, trata de comprar más tiempo que dinero, más libertad que esclavitud, el tiempo con la familia vale más que cualquier riqueza

7- Cuando sientas angustia y amargura, mira las estrellas y al día siguiente verás cómo sale el sol y encuentras la solución.

8- El triunfo está detrás de los fracasos, cuando pierdas no temas, luego te recuperaras con creces.

9- EL presente vívelo intensamente, la vida es para vivirse.

10- EL Fracaso tiene demasiado conocimiento que no usamos ni aprendemos y no hace más sabios si lo estudiamos

11- Los amigos que te acompañan en tus derrotas valen oro.

Hoy ahorra 11 monedad, escribe tu décimo primer sueño y guarda tu onceavo recuerdo, escucha música de Panamá y mira sus paisajes. Toma un té de limón.

La Ciencia sin religión esta coja y la Religión si Ciencia está ciega.

AFERRATE A LOS CONOCIMIENTOS Y SENTIMIENTOS QUE TE HAGAN CRECER

12-DESCUBRE EL SECRETO PARA SER FELIZ

La felicidad para algunos es solo un sueño, para otros si existe, "se feliz" es muy fácil de decir, en realidad que es la felicidad, ya que lo que hace feliz a unos vuelve a algunos desdichados, hay gente que busca la felicidad en el dinero y al final encuentra desdicha, hay otros que la buscan en los viajes y al final están solos y tristes, otros en los placeres de la carne como el sexo, el alcohol y las drogas y solo atraen desgracias y sufrimiento. Una vez vi a un anciano empujando la silla de ruedas de su esposa y ella como niña tenía una gran sonrisa y algo le comento y el soltó una carcajada. No escuche, solo observe y miré que eran felices, otra vez miré a una familia en una bicicleta de 2 llantas a una señora, un señor y tres niños, todos sonriendo por una calle llena de polvo de tierra suelta y con un sol fuerte a medio día los señores los recogieron de una escuela para llevarlos a su hogar. Se les notaba la felicidad. En una ocasión acompañe a mi abuela a 1km y a la mitad del camino mama Tani le dijo a mama Inés, muchacha apúrate, nunca se te va a quitar lo platicadora, ya que se detenía a hablar con todas las señoras que se encontraba a su paso, ustedes creen que iba a cambiar a sus 80 años, crean logro cambiar porque además de ser una orden de su mamá, se propuso agradarle y me demostró que nunca es tarde para cambiar y agradar a los que nos rodean, solo es cuestión de fijarnos que en cada acto de la vida hay cosas lindas y agradables. La felicidad es un estado mental provocado por como procesamos la información que llega a nuestra mente. No está al final del camino, puede ser el camino si así lo deseamos, quita las piedras que te encuentres sin renegar para que otros no tropiecen, el secreto es servir y ser feliz sirviendo. La compasión nos acerca a la felicidad y los deseos materiales y sus excesos nos alejan de ser felices ya que solo concentrados como cuando vamos al escusado a realizar nuestras necesidades fisiológicas con olvidarnos del pasado y el futuro encuentra el propósito de tu vida se más productivo y goza de esta vida. Tomate un té de tila y cada hora durante el día mírate sonriendo frente al espejo si no quieres o no puede véntate un motivo o recuerda algo divertido, pero sonría a las 12 horas mínimo 12 veces ya

ie la primera no te saldrá bien inténtalo y mira al final como tu sonrisa será inigualable, ahorra

monedas, escribe un doceavo deseo y un guarda doceavo sueño. Escucha música colombiana

conoce sus ciudades.

ostáculo para la Felicidad.

errarnos a nuestra propia voluntad, comodidad, ociosidad, contrariedades y enojo.

secreto de la felicidad no es hacer lo que se quiere sino querer hacer siempre lo que se hace,

hay más que un modo de ser felices: vivir para los demás Tolstoi. La felicidad es para los que

bastan para sí mismos y es la más placentera de todas.

13- MEJORA TU ACTITUD

Cambia tu estilo de vida se próspero y atrae la abundancia con cada minuto atraerás cosas gente positiva, cuando tenía 13 años vendía empanadas , cerámica de Cuernavaca mórelos jugaba futbol, estaba estudiando en la secundaria federal 1#5 y comente en la clase de ciencia sociales que quería ir a china y se rieron de mí y 20 años después logre el sueño fui con todo los gastos pagado por la universidad Asia, Pacifico cuyo rector era el Dr. Alfredo Octavio Millá Alarid y el periódico de Noroeste cuyo Director era el Sr. Manuel Clouthier Carrillo, lo cual m generó una gratitud, un punto de vista globalizado y más humano para contribuir al desarroll de mi comunidad y en proyectos de crecimiento económico, incentivando la armonía entre l naturaleza y la industrialización para eficiente recursos y sanar la economía.

En Harvard está el maestro Ben Sharhar, dio 13 sugerencias:

1- Actívate físicamente 30 minutos y elimina el estrés y la tristeza.

2- Desayuna y energízate.

3- Agradece a la vida 43 cosas que te hagan feliz.

4- Invierte dinero, en cursos que quieres aprender y di de lo que piensas sin ofender.

5- Enfrenta tus retos, has listas semanalmente.

6- Invierte dinero, en tecnología, viajes y experiencias.

7- Pega recuerdos, frases y fotos motivantes de seré queridos.

8- Saluda y se amable regalando una sonrisa.

9- Usa zapatos cómodos.

10- Cuida tu postura, pecho saliente, barbilla al frente y vista natural.

11- Escucha música canta y baila disfruta de la vida alégrate.

12- Convive con tus seres queridos

13- Trata de verte atractivo, lo que más cuenta es la actitud.

Hoy ahorra 13 monedas escribe un treceavo sueño y guarda un décimo tercer recuerdo, has 13 respiración, toma un té de eucalipto. Escucha música de Venezuela y observa sus paisajes.

Si tú crees que sentirte mal o preocuparte lo suficiente cambiará un hecho pasado o algo futuro quiere decir que resides en otro planeta con un diferente sistema de realidad, deja de culparte y preocuparte y mejorará tu actitud.

14- DISCIPLINATE

LA DICIPLINA ES OBEDECER UNA ORDEN SIN CUESTIONARLA, PERO EN LO PERSONAL, ES TENER LA FUERZA DE VOLUNTAD DE TERMINAR LAS TAREAS QUE UNO SE PROPONE

1- Aléjate de la gente problemática.

2- Paga tus deudas.

3- Cumple tus promesas.

4- Delega aquellas tareas que no disfrutas y haz lo que disfrutes.

5- Descansa y trabaja.

6- Ordena y depura.

7- Toma sol, respira, báñate, ve el mar ya aliméntate sanamente.

8- Acciona aquello que controlas.

9- Entrega a dios lo que no puedas cambiar.

10- Perdona y dios te perdonara

11- Vive el presente

12- Medita y oxigénate

13- Armoniza tus emociones

14- Administra tu dinero

La disciplina tarde o temprano te lleva al éxito, pero la disciplina sin amor te amarga, ama lo que hagas y donde pongas tu energía ahí crecerá tu fortuna. Cuando era niño en el kínder decían que era indisciplinado y me llevaban a la dirección. En la primaria jugué beis-bol por no obedecer me salí del equipo y en la secundaria jugué futbol no me gustaban las reglas y empecé en karate en un club Okinawa pero el maestro Elías Gómez era muy disciplinado y me cambie a un club coreano y entre en el club de boinas negras, cuyo lema era la juventud al servicio de la patria, ahí tuve un maestro el sargento Héctor en paz descanse y lo mataron unos cholos me retiré y entre al Tigre Negro una escuela de kung fu cuyo maestro era SIFU: Alberto Sanz kanagi el cual murió en una forma misteriosa enredado en hilo de pescar en un lago y por falta de disciplina no dure más de 5 años y después entre al futbol americano jugué con las águilas de la universidad autónoma de Sinaloa 3 temporadas todo lo hice para aprender a ser disciplinado, lo cual luche en forma constante para lograrlo, pero como soy un gran soñador divergente realice distintas tareas, ya que poco se me hacen 100 años para lograr todos mis sueños. Proponte una tarea y termínala, has equipo, disciplínate con nuevos hábitos. Hasta hace poco comprendí que la disciplina se compone de orden, limpieza, obediencia, y puntualidad.

Hoy ahorra 14 monedas, escribe tu catorceavo sueño y guarda tu décimo cuarto recuerdo, toma un té de limón e inhala y exhala 14 veces. Escucha música cubana y conoce sus paisajes.

15- EXTRAVALORATE

Extravalorate para vivir mejor en armonía. –Cuando cedes a las tentaciones o a lo que no vale te conviertes en esclavo de tus deseos. Los valores varían de una sociedad a otra es lo que la comunidad considera bueno, deseable apropiado, comprensible, inapropiado o incorrecto, son los elementos que unen una sociedad ya que son compartidos por quienes la integran

1- Responsabilidad: es cumplir con las obligaciones que toma una persona en base a las decisiones que toma y consecuencias que estas pueden generar

2- Honestidad: lo que dices debe estar acorde con tus actos al ser honesto se demuestra respeto por uno mismo y las demás personas, piensas, dices y haces lo correcto

3- Respeto: es entender mis derechos y mis libertades como los del prójimo para tener una buena convivencia y comunicación

4- Cooperación: es pertenecer a un grupo para hacer un trabajo en común para cumplir un objetivo competitivo.

5- Solidaridad: ten afecto, empatía y ayuda desinteresadamente para alguna necesidad en concreto.

6- Humildad: es expresar respeto por los demás y no sentirse más importante que otros debido a sus logros

7- Lealtad: se trata de estar comprometido con lo que creemos y las personas en quien creemos para ser dignos de confianza incluso frente a circunstancias cambiantes.

8- Tolerancia: es respetar y aceptar a las diversas opiniones, escuchar sin criticar y aceptar a las personas tal y como son.

Justicia: es reconocer que le corresponda a cada persona premio o castigo según sus acciones

- Transparencia: se debe actuar en forma clara sin ocultar nada.

.- Participación ciudadana: Es tomar parte en las acciones sociales

- Compromiso: es llevar a cabo acciones que benefician

- Puntualidad: es valorar tu tiempo y pensar en el de los demás

- Autodeterminación: es actuar por si misma sin ser manipulado.

- Orden: es ser organizado en lo mental y lo físico en lo que te rodea se genera un equilibrio con la naturaleza.

- ahorra 15 monedas escribe tu quinceavo sueño y guarda tu quinceava foto agradable con recuerdo feliz.

Escucha música cubana y conoce Surinam y tómate un café con canela.

16- DESARROLA TU CONCIENCIA CON KABBALAH

La kabbalah es conocimiento antiguo hebreo resguardado por el judaísmo esotérico se h

adaptado en cada generación para satisfacer la necesidad de aquellos que buscan un

iluminación espiritual y Dios dijo: Hagamos un ser a nuestra imagen conforme a nuestr

semejanza – Génesis 1.26.

Este conocimiento se transmitía en forma oral, ya que es muy complicado para el entendimient

del común de la sociedad una de las claves es el árbol de la vida que es un modelo divino de

universo y el ser humano el cual nos lleva de este mundo terrenal al mundo espiritual, ya que l

que vemos es un micro cosmos y lo que nos rodea y no vemos es un macrocosmos, el cuerp

humano es una copia en miniatura del universo, contenido tanto características y atributos de

creador, un individuo tiene la posibilidad de contactar con lo divino en su interior y esta

consciente de la presencia del creador le permite conocer a Dios y ser conocido por él.

La palabra hebrea kabbalah significa recibir y es la enseñanza interna del judaísmo para enseña

a conocer a Dios, el universo y el ser humano, así como la relación entre cada uno y suma

registro de este conocimiento de más de 4000 años, el ser humano solo puede recibir aquell

que tiene capacidad de absorber, si este hace mal uso del conocimiento, automáticamente e

apartado del flujo de la abundancia dentro de una cascara que engruesa o adelgaza según su

actos, es por ello que debemos aplicar actitudes positivas en el presente basados en lo

principios eternos ya que todo es uno lo que vez y lo que no vez es por ello que siempr debemos pedir salud, amor, felicidad, prosperidad, sabiduría y siempre debemos servir, amar, educar, perdonar y ayudar.

Hoy ahorra 16 monedas, escribe un dieciseisavo sueño y guarda una décimo sexta foto feliz y haz 16 respiraciones profundas, inhala orden y exhala amor y en la noche mira la luna 5 minutos, con un vaso de cristal con agua natural en mano que después de los 5minutos beberás.

Escucha música de Ecuador y Canadá

17- ENTUSIASMATE Y CONOCE LOS PRINCIPIOS UNIVERSALES

Para lograr tus metas debes conocer la sabiduría antigua de Hermes Trismegisto quien murió en Egipto y fue instructor de Abraham hace miles de años creando los principios para estar en armonía con el universo. El primero, es el principio del Mentalismo : dice que todo es mente creando el universo por una mente suprema y nuestro estilo de vida por nuestros pensamientos el que llega a comprender esto, tiene capacidad de modificar sus pensamientos para cambiar su realidad, ya que la naturaleza de la energía es de la fuerza y de la materia, el cómo y por qué todos están supeditados al dominio de la mente, es por ello que se dice cambiar lo que eres y donde estas, si cambias lo que hay en tu mente el todo es mente, el universo es mental. El Segundo, es Principio de la Reciprocidad: "como es arriba es abajo, como es abajo esa arriba": este principio es de aplicación universal en los diversos planos, mental, material o espiritual del cosmos, permitiendo al hombre razonar con inteligencia de lo conocido a lo desconocido.

Tercer Principio de Vibración: Nada esta inmóvil todo está en movimiento, todo vibra desde los electrones, átomos y molécula hasta el astro rey, generando energías o fuerzas, igual sucede en los campos mentales y espirituales. Controla tus pensamientos y podrás controlar el mundo. Cuarto principio, de La Polaridad: todo tiene 2 polos frio y calor, grande y pequeño, luz y oscuridad, blanco y negro, positivo y negativo, el bien y el mal, son idénticos en naturaleza lo que varía es el grado de comprensión que nos capacita para cambiar nuestra polaridad, así como la de los demás, tomándose el tiempo y estudiando lo necesario. Quinto principio del Ritmo: Todo avanza y retrocede, asciende y desciende como un péndulo quien da el equilibrio es el ritmo dominante, consiente e inconscientemente y el poder de tu voluntad logrará una estabilidad y firmeza mental. Sexto, el Principio de La Causa Y Efecto: A toda acción hay una reacción, primero piensa y luego actúa y ayuda a las masas y a los individuos a disfrutar el juego de la vida, en vez de ser jugador, se maestro, Séptimo el Principio de la Concepción: La concepción se manifiesta en todo es un principio creador, genera, regenera y crea en los tres planos físico, mental y espiritual sin prácticas fálicas que solo producen la degradación de la mente, el alma y el cuerpo, sin pervertir los principios naturales. Para el puro, en todas las cosas hay pureza; para el ruin, todas las cosas son ruines. La pureza da fortuna y lo ruin ruina.

"El todo es mente: El Universo es mental" El Kibalion

Hoy ahorra 17 monedas escribe tu decimoseptimo sueño y guarda tu decimoséptimo recuerdo y comete un ajo macho con una cucharada de miel y un vaso de agua tibia en ayunas para mejorar tu salud

Escucha música de Peru y conoce sus ciudades

18- DISFRUTA TU ENTORNO

Disfruta tu entorno: TAO es el camino hacia la vida armoniosa

18- Con tu entorno y disfruta, en estos tiempos tan conflictivos, debemos poner orden.

Para lograr un plano espiritual más elevado y conseguir la armonía, la sabiduría y la paz que le permitan desenvolverse en otro plano de existencia más armonizado con el universo AMA lo que te rodea, el amar implica compromiso y responsabilidad el ser honesto con tu manera de pensar, sentir y actuar, no debes forzar a que te amen, nada ni nadie es parte de tu lista de pertenencias en esta vida, venimos de paso, no seremos eternos, no ames por compasión, miedo o interés o lo ajeno, solo respétalo en todo hay positivo y negativo, desde la semilla hasta una galaxia; es por ello que debemos servir para completar lo que haga falta, como regar las plantas, dar de comer al hambriento, dar de beber al sediento, enseñar al que no sabe, iluminar donde hay oscuridad, inculcar a los osados, perdonar a quien amas ofenda, cada persona debe comprender, aceptar y respetar a quien ama como a si mismo, si amas tu cuerpo lo alimentaras sanamente, meditaras y harás ejercicio, manteniéndolo pulcro, si amas tu casa la tendrás limpia, ordenada, iluminada y con buena circulación de aire, tus plantas y árboles deben estar podados y regados como tus mascotas amados y bien alimentados, cómprate una flauta y aprende a tocarla esto te llenara de paz ponles a los arboles un moño rojo de tela y esto les ayudará a que los eclipses no les afecten y recuerda que los colores claros en tu recámara te harán dormir mejor; además de desconectar los aparatos electrónicos, radio celulares y debajo de la cama debe estar limpio, los colores rojo, azul, blanco y dorado representan al dinero debes poner detalles, adornos, con estos colores como monedas, elefantes con la trompa hacia arriba y suene una campana nueve veces cuando llegues o salga de su negocio y traiga billetes o monedas de otros países en su bolsa pero no hay que gastarlos y siempre traer dinero que atraiga más dinero, es bueno tener gente exitosa ,que nos rodee , si encuentra plumas de ave cerca de su hogar o lugar de trabajo júntelas y colóquelas en un árbol, cuando vayas a una fiesta regala una planta natural con hojas redondas y en su oficina tenga una pirámide para fortaleces la armonía entre compañeros de trabajo y consiga una piedra de jade y tráigala en la bolsa del pantalón, le recordará que usted está vivo y puede disfrutar hoy.

Hoy ahorra 18 monedas, escribe tu dieciochoavo sueño y tu décimo octavo recuerdo, tomate un té de árnica y escucha música de chile y conoce el canal de su ciudad.

19- JUNTA EXPERIENCIA Y CONOCIMIENTOS

19- LA SABIDURIA ES EL CONJUNTO DE EXPERIENCIAS Y CONOCIMIENTO

El conocimiento es el comienzo de la acción y la acción da experiencia

Los meses del año no son iguales, de la misma manera que en tu vida ningún día es igual *acepta como venga el día, ya que entre más inteligente seas, más fácil será sacar lo positivo de él,* y así serás más sabio como el ave que canta, aunque la rama cruja, porque sabe lo que son sus alas

→

El que gusta de saber está muy cerca de aprender (Confucio)

Conócete quién eres, como eres, para que eres bueno, cuáles son tus virtudes, que te gusta, enfócate en lo que tienes y practica lo opuesto a lo que te daña.

Todo lo que hacemos y pensamos quedan archivados en tu conciencia y en el universo superior.

Escribe en una hoja las 10 cosas que más te gustan y las 20 que no te gustan y escribe 10 cosas que sabes hacer y trabaja en algunas de las que sabes y te gustan para que te conviertas en un experto júntate con gente con afinidad y aprende lo bueno de ellos y busca lo que te hace sentir bien.

Cuando se te presenten obstáculos divídelos y te serán más fácil de vencer, empieza por lo más difícil y lo demás se te hará fácil

1-Se puede matar al sabio, pero no su sabiduría (Efraín Sarabia)

2-Solo la gente mediocre se enorgullece de los que no le gusta (B. Atxaga)

3-No preguntes lo que no te importa, no dejes camino real por vereda, no tomes decisiones a la primera (Ines Sanchez)

4-Uno a uno, todos somos mortales. Juntos, somos eternos. (Apuleyo)

5- Cuanto más se dividen los obstáculos son más fáciles de vencer (C. Arenal)

6- Tomemos el mal menor como alternativa (Aristóteles)

7- Lo que no es útil para la colmena, no es útil para la abeja (M. Aurelio)

8- No dará tropezón ni destino que no te haga adelantar camino (Bernardo De Balbuena)

9- Es intentando lo imposible como realiza lo posible (Henri Barbusse)

10- Que cerca sentimos a algunos que están muertos; y que muertos nos parecen otros que aún viven (Wolf Biermann)

11- Vale más actuar exponiéndose a arrepentirse de ello, que arrepentirse de no haber hecho nada. (G. Boccaccio)

12- El mal de la calumnia es semejante a la mancha de aceite: deja siempre huellas (Napoleón Bonaparte).

13- No cuide los centavos y tire los pesos (Saida Teyes)

14- No te preocupes, todo está bien (Eleocadio Sarabia)

15- Hablar de Dios da en que pensar, hablar con un cura es hablar como con cualquier hombre de negocios (Francisco villa)

16- EL que te quiere ser águila que vuele, el que quiere ser gusano que se arrastre, pero el que no se queje cuando lo pisen. (Emiliano Zapata)

17- EL miedo ama la muerte te hace valorar la vida (Don Lupito)

18- EL poder es pasajero, el espíritu te hace inmortal. (Padre Fco)(Anciano)

19- SI tu mal tiene remedio, para que te preocupas y si no lo tiene, que te preocupas

   (Eleocadio Sánchez)

Hoy ahorra 19 monedas escribe un diecinueveavo sueño y guarda tu décimo noveno foto feliz y haz 19 respiración inhalando sabiduría y exhalando amor, hoy de un beso a un ser querido. Tome un té de hojas de guayabo y haga 19 respiraciones profundas y escuche música de Bolivia y vea sus paisajes.

20- OBTÉN LOS RESULTADOS QUE ESPERAS

Si quieres libertad tienes que ser responsable y proactivo

Si quieres una vida con sentido, debes ser un líder y tener un propósito bien definido en tu mente y si quieres tener prioridades administra lo importante y lo urgente, primero lo importante y urgente, segundo, urgente y no importante, tercero, importante y no urgente, y finalmente lo que no es ni importante ni urgente y puedes obtener bienes comunes con beneficios mutuos si piensas en ganar, QUIERES RESPETO,RESPETA, convive con respeto ten una comunicación efectiva y afectiva, busca primero comprender y después ser comprendido, quieres logros innóvate se interdependiente, comprométete con un equipo para lograr objetivos en común con las cualidades y recursos de todos y cada uno; quieres tener un balance o equilibrio en tu vida, renuévate ten el habito de la mejora continua. Aprende y practica y conoce personas nuevas y fortalece la comunicación con los que ya conoces; para renovarte recuerda que los hábitos se adquieren con la práctica, con la repetición de hacerlo diariamente; si queremos ser mejores cada día debemos aprender de los buenos y copiar sus acciones para llegar a ser como ellos y algún día seremos eficientes, productivos, simpáticos, organizados exitosos, talentosos, comprometidos, cumplidos, leales, soñadores, activos, responsables, lideres estudiosos, disciplinados, etc.

Recuerda el 80% de tus resultados dependen de tu actitud y de tu imagen, ser positivo y verte bien se completamente para tu éxito aunando al equipo y tus conocimientos para amalgamar debes de ser aceptado y es difícil hacerlo, ya que los héroes solitarios ya no existen y hasta los alpinistas que conquistan una gran cima necesitan un equipo que los ayude en llegar; mantenerse y trabajar sanos y salvos, todo objetivo debe ser perfectamente conocido por aquellos que han de ayudar a realizarlo, con calma y buena administración, planeación, organización, dirección, control, seguimiento. Hoy ahorra 20 monedas escribe un veinteavo sueño y guarda duodécima foto feliz y haz 20 respiraciones profundas inhalando serenidad y exhalando amor, perdona a esa persona que le guardas rencor sin importarte el resultado se valiente llámale, toma un vaso de agua de piña con alfalfa licuados. Escucha música de Brasil y conoce sus paisajes.

Presenta con éxito tus ideas a los demás

- Presentación clara y breve de uno mismo
- La apariencia sí importa
- Expresión corporal
- Dominio de los nervios
  - Con calma, arte de la pausa
  - Sensibilidad y tacto
  - Experiencia personal
  - Humor
  - Adulación
  - Reconocimiento de la audiencia
  - Aclare sus argumentos
  - El sentido del tiempo
  - Las interrupciones

- o Medios audiovisuales

- o La práctica hace a los presentadores

- o Procúrese el entrenamiento necesario

- o Piense de pie

- o Las palabras según las circunstancias

21- ADQUIERE MEJORES HÁBITOS

PRACTICA DIARIO UN HABITO DURANTE 21 DIAS   un día nuevo y es único vívelo y disfrútalo

Debes ser como el sol único y date a los demás sin esperar nada a cambio

Cuando uno espera que las personas sean como un se sufre, ya que no se obtiene lo deseado

En la vida solo se obtiene lo que se negocia, jamás lo que merecemos

Esta es una realidad que debemos ser muy inteligentes al explicarla, ya que no puede dominar el ego que nos deja solos y nos ciega para valorar a los demás y nos separa de Dios y cuando lo negamos sentimos que nos falta todo.

Ni en nuestro hogar se hace todo lo que queremos, menos en la calle

Nuestro sufrimiento se debe a todo lo que deseamos y no tenemos

Tomate un ajo con jugo de toronja en ayunas y al dormir un té de romero

Tienes una vida imagínatela diferente mejorara a partir de hoy

Vive no temas a la vejez y la muerte es algo que llegara

EL miedo a perder nos impide el placer a ganar

Las lágrimas nos liberaran de un sufrimiento y nos dan paz y armonía

El aislamiento existe si te aíslas si lo compartes desaparece

Hoy da los buenos días a quien mires por la mañana

EL PASADO NO LO CAMBIARAS SOLO EL HOY DEPENDE DE TI

Hoy empieza mintiéndote que a tienes el hábito que quieres y terminaras creyéndotelo

La práctica hace al maestro prácticamente durante 21 días un nuevo habito y los hábitos hacen costumbres y las costumbres, estilos de vida.

Lo que hiciste ayer es pasado solo un recuerdo el hoy es presente es decir un regalo, disfrutémoslo y practiquemos quienes queremos ser ya que el futuro lo hacemos hoy.

Si quieres jugar un deporte empieza practicando hoy.

Si quieres aprender a tocar un instrumento empieza hoy.

Si quieres aprender un idioma empieza hoy.

Si quieres mejorar en algo empieza hoy.

Levántate y acuéstate temprano, cenando o antes de las 8 hr para acostarte a las 21 hrs. Hoy ahora 21 monedas escriben un veintiunavo sueño y guarda una duodécima primera foto feliz y haz 21 respiraciones profundas respirando perdón y exhalando amor.

La constancia, genera disciplina que tarde o temprano te lleva al éxito, pero la disciplina sin amor te amarga, ama lo que hagas y donde pongas tu energía ahí crecerá tu fortuna. Escucha música de Paraguay y conoce sus paisajes. Toma agua de cacahuate

Practica estos hábitos para mejorarte, se creativo, receptivo, paciente, combativo, tranquilidad, compañerismo, humildad, alegría y entusiasmo, supervisión, observación, decisión, fidelidad, constancia, reunión, acción, alegría, lealtad, disciplina.

22- ESTRÉS A TU FAVOR

El estress se da en 3 fases Primera Alarma Segunda Resistencia y 3ra Agotamiento

Los hombres estresados encuentran atractivas a las mujeres con más peso

La revista 'PLOS ONE' publicó un estudio que los hombres con más estrés prefieren a las mujeres con mayor masa corporal. La vida está llena de situaciones estresantes. Estas son las reacciones de tu cuerpo cuando estas bajo una situación de estrés. (Estrés disminuye expectativa de vida)

Cuando escuchas, ves o experimentas una amenaza, las señales nerviosas envían el mensaje al cerebro. Señal de Alarma, Detonantes en el cerebro: Las señales llegan a la amígdala, región cerebral que ayuda en la toma de decisiones y a regular las emociones. La amígdala alerta a l hipotálamo. Encargado de controlar la producción de hormonas. , Cascadas de hormonas: La parte del sistema nervioso encargada de la acción rápida libera adrenalina mientras tanto, el hipotálamo produce la hormona liberadora de corticotropina, iniciando una secuencia que termina de la producción de cortisol, la hormona del estrés., Mensajeros; EL cortisol, la epinefrina (Adrenalina), y otros químicos entran al torrente sanguíneo, viajando por el cuerpo.

La llave maestra: Casi todas las células en los órganos y tejidos cubiertas con proteínas llamas receptores de glucocorticoides. EL cortisol encaja en ellos como una llave en una cerradura.

Respuesta: El cortisol eleva el azúcar en la sangre. La epinefrina hace al corazón latir, aumentado el oxígeno que fluye en los músculos.

Existen dos tipos distintos de estrés:

Estrés episódico agudo (estrés a corto plazo) Las amenazas   activan inmediatamente una respuesta de huir o pelear además de inundar el torrente sanguíneo con hormonas, el cuerpo libera pequeñas proteínas llamadas citoquinas, las células regulan a la respuesta inmunológica ya que se disminuye por bloquear las células NK. Natural Killer es decir asesinos naturales las cuales te cuidan y defienden de enfermedades auto inmunes como la gripe, artritis, herpes, cáncer, osteoporosis, dolores de cabeza, estomago, espalda, migraña y otros cuyo origen es que el sistema inmunológico se desequilibra. No fue hasta la década de los 90 cuando Firdaus Dhabhar un neuro inmunólogo de la universidad de Stanford, comenzó a estudiar sus efectos que los científicos comprendieron que el estrés agudo puede mejorar el sistema inmunológico en algunos casos, ya que el estrés crónico (a largo plazo) dan molestias cada día, como el exceso de trabajo o un tráfico pesado o crisis sostenida como el desempleo o cuidar a un pariente enfermo, pueden provocar que el cuerpo active constantemente la respuesta al estrés el cuerpo y el cerebro no tienen la capacidad de reajustar las hormonas y los químicos inflamatorios a sus niveles normales, dañando el sistema inmunitario, haciendo a las personas más propensas a las enfermedades

Hoy ahorra 22 monedas escribe un veintidosavo sueño y guarda una duodécima segunda foto feliz y haz 22 respiraciones inhalando alegría y exhalando amor, hoy perdona a tus padres y se más feliz que ayer. Escucha música de chile y conoce sus paisajes, toma agua de limón con chia.

23- COMO ENCONTRAR LA FELICIDAD EN LA PAREJA

ra lograrlo he cometido miles de errores en más de 25 años de casado y lo sigo cometiendo,

ro no me doy por vencido, ya que una vez me dijo mi amigo que ya falleció, Rafael Cortez, SE

)LERANTE Y NO LE PIDAS NADA

ra logarlo la felicidad que es momentánea ya que nada es para siempre debo comentar que lo

e uno de hombre busca no es lo que quiere por ejemplo uno de hombre busca:

1a mujer que tenga buena presencia con ingenio, de buen humor, fogosa, inteligente, que

tienda a sus amigos, que no sea celosa, que tenga buenos modales, leal que me admire, que haga el amor no la guerra, que administre bien el dinero, que no discuta, que sea buena madre, que me acompañe en las buenas y en las malas, que comprenda mis gustos y aspiraciones, que este consiente que no soy una máquina de hacer dinero, que sea oportuna y limpie su hogar.

Una mujer quiere: un hombre que no la interrumpa cuando ella está hablando, que le satisfaga sexualmente, que no se queje que le de masajes. buenas intenciones y sentimientos, seguridad y confianza, responsable, que le hable por su nombre, que no tome en exceso, que nunca la maltrate, que sea comprensible y que la escuche, que tenga carácter firme, que comprenda que ella no es ninguna sirvienta, que no la compare con su mama o hermanas, que de ves en cuando le de un regalo, que colabore con las tareas de la casa, que este al pendiente de ella, aunque sea por teléfono.

Y como pareja debemos buscar: Tener proyectos de vida en común, no depender de uno del otro más que en el terreno sentimental, esforzarse por una buena convivencia, salir de vez en cuando solos , alegría, comprensión y sentido del humor, respeto, ser auténticos, tener una vida sexual sana y plena, evitar la desconfianza y el control, evitar discusiones innecesarias , crecer y madurar juntos, que no falte el dinero, que ambos seamos fieles y sinceros , que sientan que su pareja los ama, que no sean apáticos ni celosos y que se lleven bien con la familia política, que cada uno asuma sus responsabilidades, que ambos se sientan en libertad pero con cierta responsabilidad.

Siempre habrá cosas que no nos gustan de la pareja y cosas que hacemos que no les gustan a ellos los comportamientos, las actitudes , los tonos de voz, has que las cosas no anden bien y se preocupe, enoje e incomode pero es como percibimos y creemos sentir las cosas y podemos irnos con una sonrisa al cielo y con un gesto o mirada al infierno, la persona que nos hace que no controlemos nuestras emociones es la que más amamos y en forma que nadie explica el amor es inconsciente pero demasiado humano cuando eres falso, calculador, y controlas tus emociones, de forma normal es cariño, no amor este es ilógico e irracional ,demasiado feliz y sufrido a la vez , se requiere mucha tolerancia ya que la pareja cree que está bien y jamás querrá cambiar y uno menos. El verdadero objetivo de la vida es conocer a Dios, de el venimos y a el iremos.

Hoy ahorra 23 monedas escribe tu veintitresavo sueño y guarda tu duodecimotercer fotografía de felicidad y consigue una planta de romero para tu jardín vertical inícialo de 75 cm. de base por 150 cm. de alto. Escucha música de Argentina y conoce sus paisajes y toma un vaso de agua de melón.

24- ENCUENTRA LAS RESPUESTAS PARA TU VIDA CON I-CHIN

Cuando buscamos respuestas nos basamos en libros o investigaciones con los que creemos que saben más y si no los encontramos buscamos los oráculos todos los humanos en las distintas zonas geográficas y las que han prevalecido en oriente, el ICHIN en CHINA en medio oriente el tarot en occidente la biblia y en áfrica la lectura del café y los caracoles, los cuales, requieren de una persona que interprete en la respuesta, sin embargo, en el I-Chin se tira una moneda seis veces y si al caer la cara que se mira representa una raya larga o dos cortas, se tira de nuevo cinco veces más al a completar seis tiros se marcan los resultados y queda un dibujo de rallas cortas y largas y este símbolo se busca en el libro I-Chin y te da la respuesta que solo tu lees y es interpretada solo por ti es un libro más antiguo que la biblia con respuestas actuales y si quieres preguntar por la noche obtendrás respuestas en tus sueños y si no al despertar.

El I-CHING es una guía para los momentos decisivos de la vida.

1- El día más bello hoy

2- La cosa más fácil es equivocarse

3- El obstáculo más grane el miedo

4- El mayor error abandonarse

5- La raíz de todos los males el egoísmo

6- La distracción más bella es el trabajo

7- La peor derrota el desaliento

8- Los mejores profesores los niños

9- La primera necesidad comunicarse

10- Lo que te ara más feliz, ser útil a los demás

11- El peor defecto es el mal humor

12- La persona más peligrosa la mentirosa

13- EL misterio más grande la muerte

14- El SENTIMIENTO MAS RUIN LA ENVIDIA

15- El regalo más bello el perdón

16- Lo más imprescindible EL HOGAR

17- La ruta más rápida el camino recto

18- La sensación más grande es la PAZ INTERIOR

19- EL resguardo más eficaz el OPTIMISMO

20- La mayor satisfacción es el deber cumplido

21- La fuerza más potente LA FE

22- Las personas más necesarias los PADRES

23- La cosa más bella de la vida el amor

24- Lo que te enriquece COMPAÑÍA

25- El misterio hace interesante la vida.

Hoy ahorra 24 monedas, escribe un duodécimo cuarto sueño y guarda un veinticuetreavo recuerdo feliz y has 24 respiraciones   inhalando respuestas y exhalando amor, hoy toma un té de 7 azahares para dormir. Escucha música China (la canción Jardín Chino) y conoce la Ciudad Prohibida.

25- REDES DE MERCADEO

Es la tendencia de este siglo te invitan a participar en una empresa que vende un producto o servicio a través de una red de personas que te llaman y te hacen sentir muy bien con palabras positivas que mejoraran tu estilo de vida con más amistades y mejores ingresos con reuniones semanales para promover y dar a conocer productos y servicios con tus amistades que se le llama mercado cálido y después cuando ya tengas experiencia conociendo la compañía será con todos lo que te encuentres en el super, en el banco, la escuela, para que recomiendes lo que tú estás haciendo y como te estas sintiendo solo que hay que pagar una cuota de inscripción, consumo o inversión mensual que si tienes buenas relaciones sociales de las comisiones se puede pagar la cuota mensual y obtener ingresos pero como todo negocio le tienes que invertir, tiempo, dinero y esfuerzo te ayudan a aumentar tu autoestima, o conocer increíbles historias y otra cara del mundo pero sin que te apasiones o te enamores ya que puedes, desilusionar, endeudar con tus tarjetas de crédito invertirle más tiempo que a tu familia, perder el trabajo actual, por distraerte en otras actividades, es bueno soñar con los pies en la tierra, sin endeudarse ni cansarse, demasiado recuerda que debes ahorrar un 10% de lo que ganas e invertir un 10% de tus ahorros, no más, para que no te descapitalises, ya que si ayuda a unos pocos y dañan a la economía de muchos ya que la mercadotecnia es primordial, y la ley de la alquimia dice que solo puedes obtener un objeto de igual valor por el que estás dando, nadie da dinero por no hacer , hasta el mendigo da lástima, o una sonrisa el pastor da un sermón por diezmos así que no te engañes solo obtendrás el futuro de lo que siembres las redes de mercadeo son buenas si y solo si estas consiente de lo que aras sin manipulaciones psicológicas o compromisos sociales que afecten tu estabilidad económica con créditos, prestamos, empeños o con dinero que no tienes y la base es que se compra y se vende y se de obtener una utilidad. conoce una red de mercadeo y compárala con lo que te digo si necesitas sentirte aceptado, y más amigos únete y lo lograras como entrar en un culto o religión cada mes das un diezmo porque te hagan sentir bien y es bueno para armonizar espíritu, mente y cuerpo ya que el ser humano debe interactuar y resolver sus conflictos existenciales , económicos y emocionales, solo no se puede obtener las respuestas ya que aunque la sabiduría está dentro de nosotros mismos necesitamos de alguien para que aflore el conocimiento, como un microcosmos más interno que es similar al macrocosmos es por ello que se estudia la neurociencia y la astrología por más que se estudia el cerebro y el universo no se tienen todas las respuestas.

Hoy ahorra 25 monedas, escribe un veinticincoavo sueño y guarda una duodécima quinta foto y haz 25 respiraciones inhalando amistades y exhalando amor hoy toma un té de perejil con limón con todo y cascara para sacar líquidos, toma un plato de avena en la mañana. Escucha música de Uruguay y conoce sus paisajes. Disfruta nuevas amistades

Porque hacemos cosas que otros no hacen, viviremos estilos de vida que otros no podrán vivir

Dr. Herminio Nevarez para desarrollar una red de mercadeo tienes que hacer reuniones en las casas, asistir a reuniones centrales, estudiar, aprender, en seminarios, talleres, libros, cd's y otros recursos para crecer en conocimiento de mercadeo en red. En el desarrollo personal y profesional como líder.

26- CONVIERTETE EN UN SER COMPLETO CON EL TAO

EL TAO es un libro escrito por LAO-TSE un sabio de china que nos enseña que nada es completamente bueno ni nada es completamente malo, que todo tiene su contraparte, el cielo, el fuego, el agua, el viento, el tornado, la montaña, el lago, el frio el calor, es una energía de los fenómenos del universo para ponerse en armonía, para vivir un estilo de vida sano y positivo, para nutrirse con Ying y Yang, bueno y no bueno, salud y enfermedad, calor y frio, claro y obscuro.

Dulce tierra, fuego amargo, agria madera, picante metal, salada agua. (Dulce Páncreas, Amargo corazón, picante pulmones, salado riñón, agrio Hígado, Bilis).

Carne- Te siente bien o mal/ oxidación rápida Organismo rápido	Verduras naturistas

1- La eterno es el camino de la virtud.

2- El hombre práctico, sencillez, humildad, serenidad.

3- No preocupación si a la acción y la inacción.

4- El hombre es finito.

El malo, el bueno, el tonto y el sabio están dentro de nosotros todos traemos genes de todo el mundo y las experiencias nos hacen tomar decisiones por ello que en las cárceles hay buenos con malas decisiones y malos que se hicieron pastores por su decisión de ayudar, servir a los demás como san Cipriano apóstol siendo peor ser humano que Jesús, mal verde la iglesia católica romana lo canalizo y a Jesús mal verde el pueblo de Sinaloa lo venera como un protector espiritual, hoy en día, el alcohol, las drogas , la avaricia, la soberbia, hacen cambio igual que la oración, la compasión, la caridad, la misericordia y el perdón, mejoran tu estilo de vida y armonizan el cuerpo, la mente y el espíritu, entre más pienses, estudies y actúes positivamente más rápido le encontraras el propósito a tu vida, cuando lo encuentres te sentirás mejor cada día.

Hoy ahorra 26 monedas, escribe un veintiseisavo sueño y guarda una duodécima sexta foto feliz y haz 26 respiraciones inhalando armonía y exhalando amor. Hoy toma un té de alcachofa con perejil para limpiar el hígado. Hoy eres el arquitecto de tu propio destino. Escucha música Japón Tibetana y conoce sus ciudades.

27- ILUMINATE

Los Karmas es la obscuridad que heredas y los Darmas es la luz que creas

Karma es una palabra sánscrita que denomina una ley de la naturaleza

Entre más sirves a los demás aumentaras tus Darmas es decir, tu energía vital es como ser util solo para los que te rodean, llamas la atención por tu actitud positiva y sienten tu apoyo moral, ya que saben que las escuchas y estas dispuestos a apoyarlos con sus problemas existenciales el ochenta por ciento que son como apreciamos los eventos que nos rodean, como nos afectan los comentarios , los gestos, los ademanes y circunstancias que están a nuestro alrededor entre más mediamos, más tranquilos estamos un filtro de emociones y estando en armonía podemos contagiar de alegría es como cuando alguien bosteza, por lo general entre más vínculos emocionales existan con otras personas también bosteza, hay estudios internaciones que revelan que actuamos con factores de espejo cuando somos líderes nuestra personalidad puede influir en los que nos rodean, partes de la obscuridad desde el nacimiento y a medida que obtenemos sabiduría nos iluminamos , atreves de la meditación y la oración en la noche obscura mira la luna y las estrellas, hay cuatro puertas en el Tíbet una dice "habla solo lo necesario", la segunda " piensa lo necesario, la tercera " siente lo necesario, la cuarto dice " si vives con lo necesario seras feliz". Para obtener la iluminación tienes que callar tu boca y abrir tu mente para recibir ideas, sueños y pensamientos que jamás habías tenido, es como una inspiración divina, lo han hecho muchos hombres en el transcurso de la historia universal y en todo el mundo, pero solo estarás bien si comes cuando tienes hambre, duermes cuando tienes sueño y date a los demás cuando te pidan ayuda, sírveles sin esperas las gracias, se cómo un rio de agua viva, o un sol que siempre se están dando.

Hoy ahorra 27 monedas, escribe un veintisieteavo sueño y guarda un duodécimo séptima foto y haz 27 respiraciones inhalando serenidad y exhalando amor

Hoy toma un te de canela antes de dormir y relájate. Escucha música Japonesa y conoce la ciudad de Kioto.

Los ricos continúan enriqueciéndose por que aprenden a resolver problemas financieros y los ven como oportunidades para aprender, para crecer, tornarse más inteligentes y volverse más ricos, si no puedes controlar tus emociones no controlarás el dinero. Busca regalías en vez de una buena quincena.

Los ricos se hacen más ricos y los pobres más pobres, es una frase que es muy famosa y te la dicen los que no han triunfado o logrado incrementar su dinero, la diferencia entre los pobres y los ricos es la forma de pensar, no cuánto dinero tienen, en una escuela primaria publica le enseñan igual al pobre que al rico, el rico hace más amistades en el recreo aunque no tenga dinero, porque siente que no lo necesita para agradar, es que solo es pobre quien necesita dinero para agradar, es pobre el que necesita mucho y rico el que no necesita nada.

Lo primero es tener salud mental, física y financiera, para esto ten buenos pensamientos, excelente alimentación y administrar el tiempo ya que él hace dinero si eficientizas el tiempo tendrás más dinero con el cuadrante del tiempo de Efraín Sarabia (EEST). Haz lo importante y urgente, Haz lo poco importante y urgente, Haz lo importante y no urgente, Haz lo poco importante y no urgente., Analiza el cuadrante del dinero escrito por Robert Kiyosaki El empleado., Auto empleado, Dueño de negocio grande con empleados y EL Inversionista

Si eres un empleado puedes ahorrar un 10% de lo que ganas y disminuir tus gastos haciendo una lista de todas las cosas que tienes que pagar, como los servicios básicos, agua, luz. Tel, tv, periódico, gas, colegiatura, gasolina y tienes que hacer algo distinto pero que te guste y en que les puedes servir para ganar dinero adicionar como, vender un producto, o prestar un servicio, a una lista de lo que te gusta y en lo les puedes servir para dejar de ser empleado y convertirte en auto empleado y al capacitar gente para que te ayuden , al hacer una sucursal ya eres un experto en algo producto o servicio y ahorrando el 10% de lo que ganas puedes invertir en productos o servicios : todo objetivo un proceso recuerda que el proceso es más importante que la meta, la forma de hacer las cosas depende de la capacitación y la práctica , vence el miedo a ser rechazado, empieza resolviendo los problemas y desafíos que tienes al ser empleado, empieza en practicar vendiendo un producto o servicio pequeño o de bajo valor practica con familiares y amigos , lo básico para vender es conocer muy bien el producto o servicio " para controlar tu dinero primero debes controlar tus emociones en todo hay riesgo, "El misterio es lo que le da emoción a la vida "Pequeños riesgos, dan pequeñas emociones y pequeñas ganancias, pero te ayudan a ser más hábil y entre más practiques tendrás más probabilidades de triunfar, empieza hoy y el éxito llegara. Lo que te enriquece es el proceso de crear soluciones para ti y para los demás el servir te hará más feliz   y abundante. Aprovechar las redes de información como el internet, las redes sociales, un buen contador que además debes administrar tu perfil o página con una excelente idea: Albert Einstein dijo: La imaginación es más importante que el conocimiento: pero ambos te hacen un genio es por ello que hay muchos sabios y pocos genios. EL cerebro del hemisferio izquierdo es lógico- matemático El hemisferio derecho es el creativo, sensitivo e imaginativo y al centro está la glándula pineal que crea los sueños y con practica los hace realidad imita a los exitosos y los serás, entrénate para ganar, el éxito está en tus manos, si quieres más dinero visita los bancos siéntate y en la fila observa la T.V relájate mira a los ejecutivos, siéntete cómodo, visita restaurantes más elegantes y tomate un refresco después visita las agencias de carros y pide presupuestos, únete a un grupo de gente inteligente y exitosa, aunque te guste ser individual , pasea por donde viven los ricos, no preguntes solo hazlo y tu inconsciente y el universo te ayudaran, juega Cash-flow, retroalimentado, escúchate, lee, ahorra, sirve, ten el valor para cambiar. Hoy ahorra 28 monedas, escribe tu veintiochoavo sueño y guarda tu duodécimo octava foto y tomate un café en el mejor restaurante de tu ciudad. Escucha música de Puerto Rico y conoce sus ciudades y toma un chocolate.

La verdadera Felicidad es trascendental, una experiencia sensual material. La felicidad que trata de lograrse por los sentidos materiales no es verdadera.

Esta armonía depende de tus sentimientos y pensamientos es lo que está en tu espíritu y lo que está en tu mente. La persona debe elevarse mediante su propia mente, no degradarse.

La conciencia: es como reaccionas ante ciertos hechos o palabras es decir como percibes las palabras acciones de los que te rodena en tu plano mental o espiritual guardaos de los falsos profetas que vienen a vosotros con vestiduras de ovejas, por dentro son lobos rápales, por sus frutas los conoceréis, mateo 7:15-16. El pensamiento limpio no puede recibir al sucio, donde hay luz no hay oscuridad, eres un ser creado para crear Dios es un ser creador, si deseas encontrar a dios, búscalo en ti porque eres el templo, para contactarlo solo piensa en dios y practicando podrás sentirlo y verlo es como cualquier disciplina, para dominarla se debe practicar y practicar.

La sabiduría es simple y natural te hace valiente y defines y explicas, es luz, más allá de la locura humana y amoroso abierta y permanente, libertad e independiente, paciente y humana , feliz y satisfecha armonizado con la naturaleza, dulce y tierna, fluye en el gran misterio, cura y se es curado, plenitud y misterio, todo es nuevo, frescura y luz, no se juzga , fe y relación, amar y perdón, fluir en humildad y trabajo constante, sirviendo a los demás, con conocimiento de lo que nada te preocupan porque eres un canal de todo, no te limites, para el pasado y el futuro, expresa, tu amor en el aquí y en el ahora todo tiene sentido ya que la realidad es única y hoy se resuelven las situaciones para fluir ve con la fe y se recupera la salud, vive con plenitud se une y hoy siéntete completo, en armonía de lo que sientes y lo piensas para ser más feliz hoy. La conciencia es el poder de la mente atreves de lo que sentimos y como percibimos el mundo entre más meditamos más liberamos la conciencia y solo logra desarrollar a través de disciplina. Le cuerpo y percibir el mundo de una manera global ya que dependemos de mil estímulos de exterior del éxito el 50% depende lo que decimos y hacemos, el 30% delo que escuchamos y vemos, el 20% de otros. En la energía del amor y la abundancia, del cual, a través de aprender a conectarnos, con la energía interior y la del cosmos permitiendo que la sabiduría del ser guie nuestra vida para encontrar la armonía entre cuerpo, mente y espíritu. La Disciplina de la mente solo puede lograrse cuando se ha disciplinado el cuerpo y persiste el engrandecimiento del hombre practica Ken yo Ku (limpieza del aura, armoniza tus pensamientos, sentimientos

emociones la conciencia es la base de todo lo que existe la esencia de las coas, la materia y l

energía se originan de la conciencia. Hoy ahorra 29 monedas y guarda el veinteavo sueño y

duodécimo noveno recuerdo feliz come 5 ciruelas pasa en ayunas durante 7 días y mejoraras t

digestión. Escucha música Indu y conoce sus paisajes.

La energía es como la electricidad que hace que se mueva una puerta o que gire un taladro no se mira, pero se ve cuando está presente en las reacciones de los aparatos o cuándo un foco se prende la energía humana se percibe en nuestra acción, y nuestra forma de hablar cuando nos sentimos con energía baja no tenemos ganas de hacer nada y a veces que ni de hablar fuerte, para sentirnos mejor debemos saber cuáles son nuestras fuentes de energía,

1- La fuente espiritual es la que se desarrolla con meditación y oración a través del rezo y la respiraciones por la nariz y exhalación por la boca no se trata de hacerlo por horas con 5 minutos por la mañana en una posición donde estemos cómodos ya sea sentado o aparado debemos tratar de estar tranquilos y ponernos en el aquí y el ahora es decir , perdonar y perdonarnos por el pasado ya que no podemos hacer nada por el y ocuparnos de escuchar y sentir nuestra respiración por 5 minutos y esto nos permitirá relajarnos y sentirnos mejor.

2- La segunda fuente es la energía mental, la cual se desarrolla leyendo un minuto y meditando sobre lo leído, así como pesando en un sueño y practicarlo como lograrlo con pro y contras, analizando con qué y quien nos han de ayudar a realizarlo, estemos programados para realizarlos.

3- La tercera fuente es la física, esta se logra con una buena alimentación nutritiva y con ejercitarnos por lo menos 5 minutos de entrenamiento ya sea caminado o con una rutina o lavando el auto, regando las plantas, acomodando la ropa, etc. Y sobre todo tomando un vado de agua cada hora de 8 am a 8 pm. Un cuerpo enfermo es un cuerpo sediento al que se le devuelve la salud dándole el agua necesaria. Al agua se le puede activar, energizar, dinamizar, indumizar, oxigenar, ozonizar, mesmerizar, aromatizar, solarizar, sonorizar, ionizar, imantar, polarizar, magnetizar.

Es decir con una actividad física vigorosa., y si puede haga el amor una vez a la semana, es muy sano, alimente su autoestima, quiérase, acéptese, hoy en el aquí y el ahora llene su alma de amor divino, rodéese de amor divino, irradie paz y amor, puedes darle masaje en las manos o en la cabeza a un ser humano o animal o darle una caricia a una planta y esto te reconfortara para llenarte de energía y ser más lleno de amor divino que este se transforma en energía vital lo que nos impulsa a hacer, practica levantarte temprano y respirar profundamente y planea tu día

durante 5 minutos y sentirás la energía que te ara tener más fuerza de voluntad para lograr tus

propósitos aliméntate diario con semillas de calabaza, cacahuate, amaranto, chía, arándano,

ciruela pasa, nuez, almendra, avena, higo, manzana , plátano, papaya, melón, mango, uvas y

tendrás la energía para emprender y completar la tarea que te propongas ,en una república

popular de china utilizan la práctica de Chi-Kung .,en la India el yoga , en África los bailes

tradicionales y en américa 30 minutos caminando acompañados de su perro o un humano que

habla su mismo idioma.

Hoy ahorra 30 monedas, escribe tu trigésimo sueño y guarda tu treintavo momento feliz, hoy

compra semillas y cómelas en lugar de Dulces o Golosinas. Escucha música de Malasia y ve sus

paisajes.

El cuerpo humano en equilibrio, espíritu, mente y cuerpo en armonía esta saludable pero hay factores externos que lo debilitaran y desarmonizaran provocando enfermedades, como cuando te sientes triste o enojado, bajan las defensas naturales y el cuerpo se debilitara, cuando el espíritu daña la mente la mente, que es muy poderosa, enferma al cuerpo al no enviarle anticuerpos, cuando no alimentamos con frutas, verduras, caldos, el físico es bien pero la mente al no estar en equilibrio, tiende a afectarnos de una manera inconsciente, es por ello que debemos meditar y orar para que la armonía en espíritu, mente y cuerpo estén sirviendo al funcionamiento integral del organismo cuando duela la piel, se debe frotar en círculos con un imán ambivalente, cuando duela el estómago tomar un vaso con agua y un poquito de bicarbonato de sodio, cuando duela la cabeza deben hacer inhalaciones por la nariz y exhalaciones por la boca de aire puro, lo sano es tomar un vaso de agua pura cada 2hr, durante el día de 6am a 10pm y tomar té de plantas medicinales cuando la armonía se desestabilice y comer a medio día comidas con caldo, debemos planear el día durante 5 minutos por la mañana y pedir a Dios que nos vaya bien durante el día y orar para un mañana mejor si el espíritu se fortalece sana la mente y es bueno para el cuerpo   LA MEDICINA NATURAL TIENE MILES DE AÑOS LA MODERNA NO LLEGA A CIEN.

La importancia de la fibra natural es la dieta previene mal de colon, bilis, obesidad, diabetes mellitus.

Para sanarse se debe cambiar de hábitos y llenarse de información del mal que tenemos para saber cómo se curaban hace más de cien años y si es una enfermedad que no existía es nueva y son un 20% y solo tendrá cura con la medicina actual es por ello que el negocio más expandido son las farmacias que hasta en los supermercados se encuentran. Debes hacer un vivero de plantas medicinales en tu pared mínimo de 75cm de base por 150cm. De alto, plantas como son el ROMERO: para cicatrizar y desinfectar RUDA: calma el dolor de oído. ORÉGANO: desinflamantes SÁVILA: desinflama y calma el ardor de piel, GASTRITIS: YERVA BUENA: en té con leche limpia los bronquios VALERIANA: ayuda en dolores menstruales y de estómago, ALBACAR: auxiliar en dolores de cabeza TOMILLO: para dolor de riñones PEREJIL: disminuye grasas saturadas CILANTRO: mejora la digestión LAVANDA: relaja el sistema nervioso ARNICA:

desinflama golpes Salvia: potasio vitamina b digestivo diarrea e hígado inflamado, anemia

,artritis, memoria, relajante, menopausia, garganta y boca antimicrobiana DIENTE DE LEON:

regula la presión alta o baja hígado graso MENTA : para quitar el dolor de cabeza ORTIGA: té

para artritis neuralgia tendinitis y nervio ciático KALANCHOE: sana el cáncer VERDOLAGA

:PORTULACA O PUERTA PEQUEÑA esta llena de agua vitaminas A retinol B1 B2 B6 C. DOPAMINA

ENERGIA ACIDO IMALICO PARA PREVENIR LA FIBROMIALGIA FLAVONOIDES PARA DISMINUIR EL

CANCER CURA EL HIAGADO, DIABETES, ANTIBACTERIAL, BITILIGO CATAPLASMA PURIFICADOR

DEL ORGANISMO SECA CALCIO MAGNESIO FOSFORO Y SING ahorra 31 monedas guarda treinta y

un recuerdo y 31 sueño escríbelo. Escuche música de Indonesia y mire sus paisajes.

En la vida debes saber que estás haciendo que debes hacer y cuál es tu misión visualízate

Haciendo lo que te gusta hacer para servir a los demás recuerda que la Fe es lo que no ayuda cuando ya no podemos y la felicidad está en servir a los demás cuando no podemos hacer nada solo debemos orar, para que dios que es la energía creadora nos pueda ayudar y las cosas de este mundo podamos alcanzar y con los que nos rodean de este mundo poder gozar. El que vive sirviendo vive sonriendo, cuantos a tu alrededor se alegran con tu presencia y cuantos desean que les des tu esencia y que si eres positivo y vives para ayudar la vida te dará muchas sorpresas.

Ponte a pensar que te gusta hacer y si esto sirve a otros como hacerte llegar de recursos para servir más si no sabes pregúntales a diez personas que te conocen para que creen que eres bueno y lo que crean la mayoría es su punto de vista y lo que tú quieras hacer practícalo sin cobrar y luego lo que te gusten dar para después siendo reconocido pondrás un precio que no será cuestionado.

Nada es más importante que conocerlos propósitos de Dios para tu vida y nada puede compensarte el no conocerlos

¿Para qué estás en la tierra?

Fuimos creados para tener significado, por esa razón, los métodos que utiliza la gente para encontrarlo como la Astrología y los Síquicos son absurdos.

Utiliza una técnica Hawaiana de 4 frases para sentirte mejor debes decir:

Lo Siento, Por Favor, Perdóname, Te amo.

Hoy ahorra 32 monedas guarda treintaidosavo sueño y trigesimosegundo recuerdo en foto o dibujo

Toma un té para lo que te inquieta y duerme tranquilo. Escucha música de Filipinas y conoce sus paisajes.

En las Santas Escrituras, el libro llamado La Biblia, viene en el libro de Mateo capítulo 1, versícu

20 "un ángel se le apareció en un sueño y dijo: José, hijo de David, no tengas miedo de llevar

María tu esposa a casa, porque lo que ha sido engendrado en ella es por Espíritu Santo", 2

"dará a luz un hijo y tienes que ponerle el nombre de Jesús porque el salvará al pueblo de su

pecados".

SU NOMBRE ES JESUS, JOSHUA, CRISTO o INRI, cambio la historia con su forma de pensar hace más de 2 mil años, le llamaron señor sin tener sirvientes, maestro sin diplomas, no tenía medicinas y curaba llamándole sanador, sin tener ejércitos los reyes le temían, sin batallas conquistó el mundo con amor, sin cometer crímenes lo condenaron a muerte, sin embargo vive en los corazones de los hombres con fe. Hoy haz cosas buenas grandes y agradables a dios, a los 33 años estas a la mitad de tu vida útil, sirve y el mundo te sonreirá.

El maestro inspiró algunos evangelios de los 100 escritos solo 4 autorizó el emperador Constantino que se pusieran en la biblia, estuvo en un monasterio budista, después estudio con los celtas así conoció Inglaterra y los hijos de Dios de otro mundo, después estudio con los esenios la comunidad religiosa de un templo de *Kunra* en el mar muerto eran hijos de la luz, tenían pocos bienes materiales y mucho amor al prójimo , los cuales le enseñaron los principios de la paz y la libertad ,y el culto a un solo dios, creador del cielo y de la tierra, lo visible y lo invisible .

Jesús se llamaba Joshua le dicen cristo y en su cruz pusieron INRI al matar su cuerpo, después de 2000 años de su asesinato lo incluyeron en un libro llamado la santa biblia la primera enciclopedia en papel escrito. Hasta nuestros días se ha escrito más de él que ningún otro hombre. sus seguidores por miedo se reunían en secreto, hasta que sus enemigos al no poder vencer la fe en él y sus enseñanzas abrasaron su doctrina añadiéndole cultos a su conveniencia , ya que existen muchas religiones, pero cristo es el más polémico, ya que prometió vida después de la muerte a los hombres de buena voluntad y acciones de amor al prójimo, todavía en el siglo pasado en la República Mexicana los cristianos fueron perseguidos y asesinados por el gobierno por afectar intereses meramente económicos, ya que el país en crisis miró a las iglesias como un lugar donde había oro, vino y arte de gran valor , esto solo se le pudo ocurrir a mentes perversas que tenían inmunidad política y protección del ejercito noble y leal a su país.

Hoy ahorra 33 monedas escribe tu trigésimo tercer sueño y tus treintaitresavos recuerdos felices y tomate un ajo japonés por la mañana y otro por la noche. Escuche música Árabe y conozca sus paisajes.

34- GANATE A LA GENTE

SE UN GANADOR. Saluda positivamente. Hágales saber que lo necesitan.

Estás para servir y todos son importantes

Crear recuerdos compartidos. Elogia en público con palabras positivas y sinceras. Hazlos sentir bien mostrándoles como ser mejores. Habla en el momento adecuado.

Comparte los triunfos, hazlos sentirse valiosos. Ayude a materializar sus sueños.

Debemos dar lo mejor, comparta secretos, recuerde lo bueno. Ayuda a los demás. Haga por los demás lo que ellos no pueden hacer por sí mismos, escúchelos para poder entenderlos, establezca puntos en común, sea el primero en servir, valorare y ayudare a los compañeros. Recuerda historias, comparta historias, dé sin condiciones, recuerde sus nombres, señale los puntos fuertes de los demás, mande notas amables, tú puedes y ellos también, el líder tiene el poder omnidireccional de ejercer poder hacia todos lados como el padre trampas en las Islas Marías, estuvo 20 años con líderes, como juan pablo segundo, era carismático y siempre sonreía, sabia desplazarse en cualquier escenario, el poder atrae y el conocimiento mantiene el liderazgo, 8 de cada 10 que renuncian es por incompatibilidad de carácter de su jefe, el líder tiene la visión y el seguidor tiene la misión para hacer realidad, ¿Cuándo surge un líder? Cuando está inconforme y propone una solución, positivo y optimismo: ser mejor con su poder como Churchill aun sabiéndose perdido sonreía hay que ser optimista, alba Edison, tuvo mil intentos, Gandhi, no violencia, Mao tse-tung 20 años en campaña para recorrer China y ser su presidente .Nelson mándela 28 años en la cárcel y después fue presidente de Sudáfrica, Aristóteles hace 2500 años comentó que una diferencia en el hombre y los animales, es la sonrisa; los líderes son soñadores y preguntones, desean y se comprometen con acciones para decidir ser mejor.

Hoy ahorra 34 monedas escribe tu trigésimo cuarto sueño y tus treintaicuatroseavos recuerdos felices y tomate una hoja chica de kalanchoe (investígala y te sorprenderás) por la mañana escucha música Tailandesa y conoce sus paisajes.

35- FORMA UN EQUIPO DE ALTO DESEMPEÑO

Que es. La unión de personas diferentes

Quienes lo conforman. Personas con un fin en común

Porque se unen. Para lograr un fin pre establecido

Como logran el objetivo. Conjugando sus conocimientos y habilidades

Tácticas de dirección. resaltar lo mejor de cada uno para lograr el objetivo

Estilos de autoridad. paternalista democrático y autoritario

Habilidades del pensamiento. unos introvertidos y otros extrovertidos

Características del equipo.

Visión.

Misión.

EL ÉXITO DEPENDE DE LA CALIDAD DEL EQUIPO

Nunca critiques a los demás para que contribuyan a tu favor, nunca nadie ha triunfado solo.

Que se apegue a un sistema con una estrategia que no todos estén de acuerdo que sean divergentes y críticos con una conexión emocional, con expresiones orales con competencias conversacionales con influencia personal y liderazgo y que el objetivo sea perfectamente conocido y querido por todos los que han de ayudar han realizarlo.

Hoy ahora 35 monedas escribe tu trigésimo quinto sueño y tus treintaicincoavo recuerdo feliz y tomate un jugo de apio y naranja por la mañana. Conoce la música de Myanmar y conoce sus paisajes.

Hablar en público es un arte que te abre puertas y te da reconocimiento, pero hay que dominar los nervios. Recuerde que al emitir sus primeras palabras y comienza a oír su propia voz sus cuerdas vocales se templan y su inquietud desaparece.

36- COMUNICATE ACERTIVA Y EFICAZMENTE.

Con respeto y valorando al que te escucha, habla con calma sin prejuicios, escucha y luego habla en forma clara. todos somos inteligentes y queremos lo mejor pero también hay puntos de vista diferentes debes tener un estándar de conocimiento de quien es con quien te vas a dirigir en la plática y que tus ideas no se contrapongan a sus intereses y credo o culto para no herir .

recuerda que la mirada y los gestos dicen más que las palabras. La actitud es la que vale y respalda las palabras , fíjate en un espejo que dice tu imagen desde tus zapatos, los calcetines , tus manos donde las tienes como están los dedos si tienes nervios junta tus dedeos índices con los dedos pulgares y tu mano derecha a la altura del pecho y la izquierda a la altura de la cintura y muévelas con naturalidad inhala aire por la nariz y exhálalo por la boca desde el estómago al estar hablando y al hacer pausas toma aire por la nariz pensando que vas a decir en forma ordenada con una coherencia lógica y clara .

Es por ello que no es lo que dices sino como lo dices, toda verdad es la

penúltima verdad transfiere ideas y pensamientos, los humanos somos perfectibles quien domina la palabra puede dominar. SOCRATES decía: QUE NO LO SABIA TODO, PERO LO QUE SI SABIA ERA COMUNICAR SUS IDEAS-

JULIO CESAR RODRIGUEZ Es un escritor colombiano muy extrovertido el cual tuve el honor de conocer personalmente y me comento que la mente es un universo en expansión ya que no tiene limites , solo tu se los pones nadie mas., puedes crear en ella universos como tu elijas

ALEX DEY Es un motivador internacional me dijo cuando vino a culiacan . Que la crisis en significado de oportunidades , ahorra e invierte en tu mente ya que tu mente atraerá prosperidad para lograr tus sueños según tus ingresos (cash is King).

JORDAN BELFOR El autor del lobo de Word Street : en su conferencia en el salón 53 del club rotario en Culiacán Sinaloa nos explicó que el tiempo es dinero y el dinero no tiene principios ,moral, religión, solo es importante si lo empleas para satisfacer tus necesidades y las oportunidades debes estar seguro de lo que quieres y actuar en tiempo y forma para aprovecharlas .

MIGUEL ANGEL CORNEJO motivador y escritor de temas de superación personal Nos dice atrévete , de lo que seas capaz de hacer demuestra arriesga ,invierte tiempo y dinero, lanza el corazón y el resto te va a seguir todo es causalidad sino lo intentas dirás hubiera y este no existe resiliencia es resistirte a las adversidades o te mueres en el intento ,dejar de sufrir es una decisión el líder se forja en la adversidad, jamás te des por vencido nacimos para triunfar atrévete y esfuérzate y rodéate de gente positiva y mas inteligente que tu y sírveles

JAIME LABASTIDA escritor sinaloense: Que los alumnos y maestros aprendan a pensar , ser críticos que no se memorice el libro debe motivar a gozar de su lectura y que esta nos haga una vida mas llevadera para tener una muerte sin fin como dijo José Gorostiza

ELMER MENDOZA Escritor SINALOENSE de novelas como "un asesino solitario" y" el misterio de la orquídea calavera " nos dice que seamos originales si sabemos dónde crecimos y con quien nos juntamos tenemos la libertad de escoger lo bueno o lo que nos puede dañar ,debemos ser útiles a los que nos rodeen

OSCAR LIERA actor director escritor da difusión de la cultura dando bases al pueblo para hacer una sociedad con principios y valores para recordar y no lamentar nuestra historia.

Hoy ahorra 36 monedas escribe tu trigésimo sexto sueño y tus treintaiseisavas recuerdo feliz y tomate un té de manzanilla por la mañana. Escucha música de Corea del Norte y observa sus paisajes.

37- OPTIMIZA TU TIEMPO.

1. Organiza y administra tu tiempo que es lo más valioso que tenemos y no lo recuperamos y el tiempo perdido hasta los santos lo lloran. Hay quienes dicen hubiera ...pero él hubiera no existe así que no dejes para mañana lo que puedas hacer hoy, si no te alcanza el tiempo levántate 37 minutos antes para limpiar y asearte, organiza tus pensamientos el tiempo rinde a pesar de los contratiempos, se más productivo en tu vida y trabajo. Administra tus pensamientos, conversaciones, acciones y agenda cuanto tiempo. Invierte el 50% y deben ser resultado, el 20% planeación y un 30% de comunicación, duerme de 6 a 8 horas, dedica ½ Hora a cada comida, platica con amistades no más de 5 min. haz un cuadrante de tu tiempo:

A)   URGENTE E IMPORTANTE.

B)   URGENTE NO IMPORTANTE

C)   NO URGENTE E IMPORTANTE

D)   NO URGENTE NO IMPORTANTE

La gente altamente efectiva le saca resultados al estrés meditando 3 minutos sin pensar en nada con los ojos cerrados inhalando y exhalando por nariz en forma lenta y suave luego inhala por la boca y exhala por la nariz 7 veces después inhala por la nariz y exhala por la boca despacio 37 veces luego piensa en tres posibles soluciones a tu situación y escoge la más conveniente en tu tiempo y forma. Su zona de confort ¿es como un zapato viejo? Acostumbrémonos a formas de hacer nuevas y más productivas, nos exigirá cierta incomodidad inicial, ciertos cambios en la rutina. Algo semejante a tener que domar unos zapatos nuevos.

Me toco conocer y platicar con un gran empresario y promotor del deporte sinaloense DO

JUAN MANUEL LEY LOPEZ En paz descanse en una ocasión en el 2007 me dijo que por su eda

ya no le gustaba hacer corajes y ala gente que no traía más que problemas los mandaba mu

lejos y a los que traían problemas con una dos o tres soluciones los escuchaba y orientaba,

cual recordé en yataí una provincia de Beijín en una conferencia en abril del 2001 nos dijerc

que los sinaloenses estamos norteados y que el día que nos orientemos seriamos exitosos . Hc

ahorra 37 monedas escribe tu trigésimo séptimo sueño y tu treintaisieteavo recuerdo felices

tomate un té de orégano por la mañana. Escucha música de Corea del Sur y conoce sus paisajes

38- APROVECHA TUS CORAJE

El enojarte sin control después de los 45 años genera cálculos en las vías biliares y dolor de espalda, de cabeza, y nauseas.

Utiliza la inteligencia emocional a tu favor. Si alguien te molesta piensa algo ridículo de él o algún favor que te haya hecho y repite unas frases, por, disculpe y gracias. Visualiza, enfócate, prepárate y actívate. Sonríe, observa, energízate y compórtate. Inhala tranquilidad y exhala cariño. A lo anterior para estar en armonía y tomar mejores posiciones y trascender a una mejor constante a partir de lo que pensamos y sentimos canalizando nuestras acciones en resultados, la gente altamente efectiva le saca provecho al estrés y a la crisis. meditando, relajándose media hora al despertar para armonizar cuerpo mente y espíritu. Al enojarte inhala por la nariz y exhala por la boca durante un minuto, luego, tranquilo cierra los ojos y respira, trata de no pensar en nada y luego al 3er minuto inhala tranquilo y con la boca cerrada.

Si analizas que te hace enojar o si es a una hora o cuando tienes hambre o cuando te piden algo debes anotar el porque te enojas y si vale tu desgaste de tu sistema inmunológico a medida que te des cuenta que lo detecta evitaras estas situaciones y si aún sucede realiza una actividad física que te reditué algún beneficio Hoy ahorra 38 monedas escribe tu trigésimo octavo sueño y tus treinta octavo recuerdo feliz y tomate un té de ruda por la mañana. Escucha música de Mongolia y observa sus paisajes.

Cuando era niño me decían que Dios me iba a castigar por pícaro, por vago, por corajudo, por peleonero, por no hacer la tarea, por no hacer caso a mis papas, por no limpiar, por no ser disciplinado y cuando uno se muere si fue bueno se va con Dios y yo dije para que quiero ir con alguien que castiga por todo y no lo veía, pero una vez me estaba ahogando y dije: Dios mío verdad que no me voy a ahogar aquí y en eso vi un pie, me agarré de él y me salvé. Le di gracias y pedí perdón ya que en días anteriores le dije que si existía no dejara que mi mamá me pegara y me enojé porque mi mamá si me pegó, cuando una tía falleció la velamos durante el día y en la noche, se le apareció a mi Padre en paz descanse, a mis tíos y primos y a mí. Todos la miramos parada viendo a mi padre asustado y prendí la luz y ella desapareció. Fe es creer en algo o alguien que no vemos, pero si sentimos. La muerte no es el fin, es tan solo un paso más. Cuando un ser querido parte de este mundo sentimos depresión y debemos comprender y dar un paso a la paz.

La fe es construir un arca cuando nadie lo cree. Es lo desconocido que lo conocido. Es llevar 300 hombres para pelear con 10,000. Es pararse a la orilla del mar rojo y decirle al mar que se parta en dos. Es lo imposible que es posible, es la desconfianza que está llena de confianza. Esto dice la biblia, pero yo en verdad os digo que tener fe es estarse ahogando y decir "Señor, ¿verdad que no me voy a ahogar aquí? Ver un pie y salvarte o cuando a una madre con su hijo sangrando de la cabeza los médicos les dicen si no se muere quedará tontito ...la madre hace oración con fe y no se muere ni queda tontito, también cuando hay un peligro y se hace oración y las circunstancias pasan sin dañarnos, la fe es creer que Dios existe y nos protege de todo mal, visible e invisible. Nunca hay que perder la fe en Dios ni la esperanza en un mañana mejor. La fe de un CRISTIANO, un BUDISTA O un HINDU se basa en creer sin ver, ni sentir solo con lo que te dicen y el sentir es lo que nos hacer estar vivos y experimentar la grandeza de Dios. Hay muchas osas que nos hacen sufrir o gozar pero no se miran pero sentimos que perturban nuestra vida a

sto se le llama metafísico es decir que no es físico pero si afecta nuestro cuerpo ,y mente el

ombre en la historia siempre le ha dado una explicación a los fenómenos sobrenaturales o a los

ucesos que no conocemos , pero con fe podemos decretar ciertas palabras repetitivamente

or la mañana o al acostarse pensando en positivo hay una oración que es el padre nuestro

spirado hace más de dos mil años en arameo una lengua anterior al hebreo. Hay siete leyes

el cosmos la ley del mentalismo la mente es energía – ley de causa y efecto – ley de la afinidad

ente y físico .ley de vibración todo está en movimiento atrae lo que pienses o sientas – todo

voluciona lo afín atrae lo afín -todo tiene su opuesto son diferente todo sube y baja ley de la

eneración femenino y masculino para reproducirse Dios está en todo género vida y es un Dios

reador no lo entenderíamos con nuestro conocimiento , de nuestra mente conocemos muy

oco y del universo menos así que debemos actuar conforme a lo establecido respetando y

isfrutando de la creación ,la felicidad no te la da lo que posees sino lo que disfrutas como una

ompañía que te haga sentir pasión y cosas bellas o un rio, mar, lago ,montaña , tu hogar o área

e trabajo . Hoy ahorra 39 monedas escribe tu trigésimo noveno sueño y tu treinta noveno

ecuerdo feliz y tomate un té de romero por la mañana. Escucha música de Kazajistan y mira sus

aisajes.

40- COMO SER EXCELENTE

Empieza haciendo las cosas bien y cada vez mejor, a conciencia y tratar de quedar bien a la primera y a tiempo.

Todos podemos ser excelente es un llamado universal, lo que se requiere es decisión para lograrlo. Es hacer las cosas no buscar razones para demostrar que no se pueden hacer. Comprendo que la vida no es algo que se nos da hecho, sino que tenemos que producir las oportunidades para alcanzar el éxito, conocí a un tipo que se drogaba y tuvo un accidente cayéndose de un segundo piso y para sobrevivir pensó en estudiar para que la familia lo apoyara y le dije que tenía mucho potencial para la oratoria., lo capacité en ventas tiempo después se hizo locutor de radio ahora es un médico alfabiotista y homeópata. Se trazó un plan y logró sus objetivos a pesar de todas las circunstancias supo decir "me equivoque " y se propuso no cometer el mismo error. Se levantó del fracaso con más experiencias y hoy trata de ser excelente día a día. El ser es bueno pero el sentirse es mejor física y mentalmente te ayuda a sobresalir con persistencia en lo que hagas, solo que de aquí era un niño del bullying y por eso me convertí en un grosero mala persona, algo no agradable. Hoy ahorra 40 monedas escribe tu cuadragésimo sueño y guarda una foto de tu cuarentavo recuerdo feliz y tomate un té de hojas de guayabo por la mañana. Escucha música Australiana y mira sus paisajes.

41- DISFRUTA DE LA VIDA QUIGONG

longevo con Quigong, es una técnica que reajusta el cuerpo, hacer las respiraciones con las

anos sobre las rodillas sentado. Es imprescindible la respiración debe ajustarse para hacerla

a, profunda, larga, lenta, firme, relajada y suave. La buena exigencia es el secreto de la

gevidad.

no eres feliz con poco no lo serás con mucho. Ten pocas cosas y tendrás mucho tiempo para

cer lo que te gusta, siempre te criticaran, de ti depende hacer caso o no de ellos se

re...gasta tu tiempo de vida en lo que te guste hacer ya que la vida no es solo recibir si no dar

perdida una sonrisa y una palabra de aliento. Todo es relativo, cuida lo que tienes siempre

seamos lo que no tenemos, entre menos deseas, más felicidad, disfruta sin lujos, que quieres

bajar o ser feliz, viaja ligero, la vida es pasajera como una avenida, disfrútala...se tú mismo y

trates de imponer tus ideas, ama y déjate amar, respeta la libertad de los demás y disfruta la

ya. Cuando compras algo no lo compras con dinero sino con tiempo. ¿qué es tu vida? Tiempo

vida que gastaste para obtener dinero. Pierde el tiempo con la familia si no con el tiempo

rderás a la familia. Conocí a una maestra que pensaba disfrutar de la vida cuando se jubilara y

ando se jubiló murió y su única hija se quedó deseando ser más feliz. No te preocupes por la

uerte esta llegara cuando menos lo esperas y aléjate de los muy vivos y de los muy tontos.

te el lujo de dormir en un hotel mínimo una vez cada 3 meses, báñate en el río, mar, alberca,

o mínimo una vez al año.

Hoy ahorra 41 monedas escribe tu trigésimo noveno sueño y tu treinta noveno recuerdo feliz y tomate un té de romero por la mañana. Escucha música Vietnamita y conoce sus lugares.

Practica Quigong

42- COMO ENCONTRAR LA FELICIDAD

La felicidad no es un lugar al final de un camino. El camino es la felicidad, si eres recto lo lograrás comprender el ser benevolente y serás un buen padre. Observa siempre todo lo que te rodea y disminuye los deseos como el que vive en abundancia, nada le hace falta porque aprendió a vivir con poco y en la luz comparte tu sonrisa y amor. Para ser recto se debe hacer lo que la sociedad exige como leyes, en la familia como reglas y en la religión como mandamientos. Cuando ofrezcas tu camino cuestas altas que subir descansar acaso debes, pero nunca desistir, desistir es de cobardes y eso tu no debes ser.

Los hindúes dicen que el estado perfecto de felicidad se llama nirvana y para los cristianos paraíso. El nirvana es un estado de no deseo es decir si no deseas serás feliz, ya que lo que deseas y no obtienes te hace desdichado. Como un güero norteamericano que nada lo hace feliz, una casa no construyo una torre con su apellido, tenía una hermosa familia, pero deseo una modelo para tenerla como pareja, era infeliz siendo el presidente de su compañía y decidió ser el presidente de una nación, pero ni así está satisfecho . Diógenes un sabio griego discrepo con Alejandro magno diciéndole que el era mas feliz porque con muy poco estaba satisfecho y Alejandro magno ni con todo el mundo a su servicio lo seria.

Hoy ahorra 42 monedas escribe tu cuagesimosegundo sueño y tu cuarentaysegundeavo recuerdo feliz y tomate un té de romero por la mañana. Escucha música de Yemen y conoce sus paisajes.

43- COMO VENCER LOS OBSTACULOS EN LA VIDA

La mayoría de las personas pensamos que la vida está llena de problemas y nos estresamos. Sin embargo, debemos verlo como un obstáculo a vencer, como una piedra en el camino que nos dice que el destino lo vamos haciendo con nuestras decisiones y acciones en base a como percibimos las situaciones de la vida, un sabio oriental decía "bueno o malo...el tiempo lo dirá". Hay que enfrentar las situaciones con optimismo y precaución sin apasionamiento ni lamentaciones, son cosas que suceden y con el tiempo pasarán y lo que define mi estado de ánimo es como reacciono ante cada situación que en la vida se me presente. Nada ganas con preocuparte y lamentarte, búscale la solución solo o en compañía será más fácil.

Mis padres me decían si tu mal tiene remedio para que te preocupas y si no también para que te preocupas. mi madre Saida Téllez me enseñó a vender y mi padre Eleocadio Sarabia a ahorrar

El Dr. Wayne psicólogo y autor del libro tus zonas erróneas decía que la preocupación es solo pérdida de tiempo, ya que si sufres por el pasado no sirve de nada y debes ocuparte para hacer tu futuro mejor.

Og mandino. un gran escritor le dio vida a un personaje llamado saqueo que a base de trabajo esfuerzo honradez y haciendo equipo amasó una gran fortuna. Un mercader el hombre más rico de Babilonia decía que si ahorras el 10 porciento de lo que ganas y lo inviertes este dinero trabajará para ti y nunca te faltará dinero. Hoy ahorra 43 monedas escribe tu cuatrigesimo tercer sueño y tu cuarenta y treceavo recuerdo feliz y tomate un té de limón por la mañana. Escucha música de Egipto y conoce sus paisajes.

44- APRENDE A HABLAR EN PUBLICO

Mira por encima de sus cabezas a todas y a ninguna persona, piensa lo que dices y di lo que pensaste. Una mentira dicha mil veces se convertirá en una verdad para el qué la escucha, esto lo aprovechan los medios de comunicación, radio, televisión y prensa que construyen imágenes de falsos ídolos que cuando quieren los desbaratan en un día y construyen en 3 días. Cree en lo que dices con una actitud firme y decidida, confiando en tus conocimientos.

Señor hoy se luz en mi mente, paz en mi corazón y sabiduría en mis decisiones. En el libro de los mayas el popool boo dice en una frase " el ave canta, aunque la rama cruja, porque sabe lo que son sus alas". esto quiere decir que el hombre preparado para una actividad y con fe de que se hará bien saldrá triunfador. practica frente al espejo un tema, tus gestos y ademanes, grábate y critícate., luego con práctica te superarás.

Recuerda que no es lo que dices, sino como lo dices. Una vez un Sultán soñó que se le caían los dientes y trajo a un sabio el cual se dijo que sería una desgracia, ya que sus parientes morirían uno a uno y lo mandó azotar. Mandó llamar a otro y este sabio de dijo que era afortunado, ya que iba a sobrevivir a la muerte de sus familiares y lo premio con una bolsa con monedas de oro.

Es muy común que los matrimonios discutan cuando están sensibles por cualesquier motivo luego la mujer dice porque me hablas así, como así, con ese tono de voz es que pensé que no me escuchabas y se discute por un mal entendido y se debe evitar tomar decisiones enojado ya que se puede perder lo más por lo menos y arrepentirse toda la vida y lo más sabio es callar mientras el otro discute y cuando se estén más tranquilos razonar el motivo si es que lo hubo.

Hoy ahorra 44 monedas escribe tu cuatrijesimo cuarto sueño y tu cuarenta y cuatreavo recuerdo feliz y tomate un té de moringa por la mañana. Escucha música de Marruecos y conoce sus paisajes.

45- COMO MEJORAR TU VIDA MOTIVANDOTE DÍA A DÍA

Bebe de un vaso con agua cada hora y come frutas y verduras vive con energía, entusiasmó, armonía y recuerda momentos felices y haz nuevos cada día, con cinco minutos de oración calman el corazón, lee por lo menos un minuto a la semana, tome 7 minutos para reflexionar y perdonar a quienes te ofendieron u ofendiste, duerme mínimo 8 horas por noche. Salga a caminar, por la mañana, sonríe, ame más, critique menos, mi felicidad depende para avanzar, en la escuela de la vida, perdone y perdónese, haga lo correcto te hará sentir bien y regala lo que no utilizas

Inscríbete en una red multinivel o mercadeo en red y conocerás otros estilos de vida puedes ser lo que quieras empiézate mintiendo y te lo creerás.

Hoy me levanté contento y con ganas de mejorar, las cosas en mi vida debo cambiar.

Hoy ahorra 45 monedas escribe tu cuatrijesimo quinto sueño y cuarenta quinceavos recuerdos felices y tomate un té de moringa por la mañana. Escucha música de España y conoce sus provincias.

Himno a la Motivación.

Hoy me levante contento con ganas de mejorar, hay cosas en mi vida que debo cambiar, no sé cómo hacerlo, pero tengo que mejorar, empezaré con mi forma de pensar y actuar, un consejo pedirá en p repararme, invertiré, sé que quiero, queremos podemos y lo haremos, queremos podemos y lo haremos, queremos podemos y lo haremos.

Cuando ofrezca nuestro camino cuestas altas que subir, descansar acaso debemos, pero nunca desistiremos, desistir es de cobardes y eso no debemos ser, para ser mejor en tiempo, dinero y esfuerzo debemos invertir, queremos podemos y lo haremos, queremos podemos y lo haremos, queremos podemos y lo haremos.

Hoy necesito cambiar me guste o no, aunque tenga que mentir, empezaré mintiéndome y terminaré creyéndome, el cambio es la evolución y está llena de emoción, los pensamientos se materializan solo con la acción, queremos podemos y lo haremos, queremos podemos y lo haremos, queremos podemos y lo haremos.

La naturaleza de Dios es la más hermosa, no se mira ni se toca, y con palabras no se puede expresar solo se siente con el corazón y si te hace gozar, queremos podemos y lo haremos, queremos podemos y lo haremos, queremos podemos y lo haremos.

EL VIENTO ES MUY SALUDABLE, reanímate, actívate, energízate, triunfa, di lo siento, pide perdón, ama y da las gracias, queremos podemos y lo haremos, queremos podemos y lo haremos, queremos podemos y lo haremos.

El pasado olvídalo, el presente gózalo el futuro desconócelo, pero lucha por que sea mejor, queremos podemos y lo haremos, queremos podemos y lo haremos, queremos podemos y lo haremos.

DEE EEST Para USTEDES, FOR MY STEE FOR YOURE, STEE PANYOU

46- UTILIZA LA PROGRAMACIÓN NEURO LINGÜÍSTICA

ograma lo que deseas, como las matemáticas, a cada acción hay una reacción en la vida debes

mar lo bueno y restar lo malo , lo que pongas en tu mente eso materializarás , el elegir esposa

ges el 80% de du destino fíjate bien , mira el amanecer y atardecer mínimo una vez por

mana saluda a todos y practica con optimistas, da una buena impresión, nunca digas lo que

ensa y sonríe al enemigo , no critiques, apoya a tus hijos , sé atentó y acomodadizo escribe tus

eños y realízalos uno a uno , ponte en alto el lugar del que te pide ayuda, se precavido,

cuerda que si quieres triunfar en todo debes sumar limpieza, orden , puntualidad , obediencia

disciplina , conseguirás lo que mereces, si no lo que negocies, diario piensa y escribe lo que

ieres durante una semana y haz cosas para lograrlo según tu tiempo establecido, si haces

uipo más rápido los sueños se cumplen. Hoy ahorra 46 monedas escribe tu cuatrijesimo sexto

eño y cuarenta seiceavo recuerdo felices y tomate un té de tomillo por la mañana. Escucha

sica de Francia y conoce sus ciudades.

47- ELIMINA LA PROCASTIDAD Y TRIUNFARAS

Realiza estos pasos para triunfar:

I.   En todo lo que haga tienda a lo óptimo en lugar de lo normal

II. Dé buen ejemplo de ganador

III. Diga lo que piensa en forma positiva y honesta. Inspire, no ataque

IV. Permita que los demás le ayuden

V.   Acepte el riesgo y logrará la admiración

No te quedes solo con sueños, postergando y posponiendo lo que tienes que hacer, ya qu nadie más lo hará, solo tú eres el arquitecto de tu destino a sí que actúa, hoy haz lo que teng que hacer, porque lo debes hacer en el tiempo y forma, no te quedes en él hubiera si empiezas, termínalo.

Siempre hay motivos para iniciar algo y obstáculos para realizarlo, pero solo los triunfador superan las adversidades , ya sea pidiendo ayuda, aprovechando mejor los tiempo administrando el esfuerzo y el dinero sin perder el tiempo fijándose la meta como una carta por correo y hasta que llegaba a su destino, hay llamadas por celular, mandamos mensajes vía Messenger o WhatsApp o cualquier red social o mensaje o fotografía se va y llega no se queda a medio camino eso nos demuestra que hoy inicia una tarea y termínala, varias paredes son una barda y ladrillos puede ser una pared, pero varias paredes son una barda y si les pones techo una casa y luego más construcción hace un edificio todo va creciendo a medida que le dedicamos tiempo, dinero y esfuerzo. Hoy ahorra 47 monedas escribe tu cuatrijesimo séptimo sueño y cuarenta sieteavo recuerdo felices y tomate un té de boldo por la mañana. Escucha música de Irlanda y conoce sus paisajes.

48- CONOCE TUS DONES SEGÚN TU SIGNO DEL ZODIACAL

ARIES- marzo 21 al 19 de abril Lo que siembres se te multiplicara, acción respeto persona, individualidad, defecto es ser impulsivo.

TAURO- 20 abril al 20 mayo: Termina lo empezado dan fuerza, sabio, estabilidad, persistencia, conservadurismo no negativo estabilidad.

GEMINIS- mayo 21 julio a junio 20: El conocimiento, movimiento, versatilidad, creatividad, extroversión, adaptabilidad, razonabilidad, excesiva falta de confianza.

CANCER- junio 21 a julio 22: Familiar: sentimiento, empatía, sensibilidad, posesividad, apego al pasado

LEO – junio 23 agosto 22: Alegre, honrado, generosidad, extrovertido, autoritario, obstinación, egoísmo, soberbio.

VIRGO- agosto 23 al 22 de septiembre: Observa con perspicacia, pureza, humildad, demasiado crítico, perfeccionista. Libra- 23 de septiembre al 22 de octubre: Servir, amar, sociable simpatía, necesidad de agradar, siempre quedar bien.

ESCORPIO- octubre 23 noviembre 21: ´Profundidad, objetividad excesiva.

SAGITARIO- noviembre 22 al 21 diciembre: Risa, abundancia, luz, expansibilidad, optimismo, arrogancia.

CAPRICORNIO- 22 de diciembre al 19 de enero: Persistencia, disciplina, rigidez.

ACUARIO- 20 de enero al 18 de febrero: soledad, Humanismo, Radicalismo, Libertad, Originalidad

PISCIS- febrero 19 a marzo 20: Tristezas, Reanimar, Motivar, Entendimiento, Sensibilidad, Tendencia a huir cuando se sufre. Los 12 pueden ser uno y uno los 12 Hoy ahorra 48 monedas escribe tu cuatrijesimo octavo sueño y cuarenta y ochoavo recuerdos felices y tomate un té de mangle rojo por la mañana. Escucha música inglesa y conoce sus paisajes.

49- AUTOESTIMA Y SOBERBIA

La seguridad que siente una persona al decir o hacer las cosas se basa en los conocimientos y la práctica que se tengan de algún tema u oficio y esto se logra solo con preparación, practicando se hacen los maestros decían hace 5000 años y la regla dice que lo que practiques durante 21 días se convierte en un hábito y los hábitos hacen costumbres y las costumbres estilos de vida pero si se quiere ser experto en algo, lo más que debes practicarlo son 10 años y lo lograras, es por ello que muchos que empiezan un oficio o arte desde niños de adultos lo dominan, pero de adultos pueden aprender, solo que requiere de mayor esfuerzo y dedicación, siempre debes aprender algo y si es útil para los demás tendrás motivos adicionales para poner energía y dedicación, sin perder de vista una vez que domines un arte u oficio. No sea soberbio es decir presumir y humillar a los que no saben o no están en el camino del desarrollo interno como seres humanos, ya que no tienen el conocimiento y preparación con los que tu cuenta, la juventud no es una etapa de la vida es un estado mental, la cortesía es como el aire de las llantas, no cuesta nada, pero hace más confortable el viaje. Hoy ahorra 49 monedas escribe tu cuatrijesimo noveno sueño y cuarenta nueavos recuerdos felices y tomate un té de valeriana por la mañana.

Ayuda a un hombre enseñándole y no necesitara ayuda. Escucha música Italiana y conoce sus ciudades.

50- COMPROMISO Y DEDICACION

Debemos comprometernos con nosotros mismos para irnos superando en forma constante para ser mejores personas con cualidades y lentos que sirvan a los demás, ya que no cambiaremos el mundo pero si podemos hacerlo en nuestro interior empezando por nuestros pensamientos , ya que de nada sirve aprender sin practicar, ya que los pensamientos se materializan con las acciones, es por ello que debemos cuidar nuestros pensamientos y emociones siendo conscientes y positivos, ya que de lo contrario caemos en la rutina y mediocridad en un conformismo que nos llena de pereza y esta nos lleva al ocio y la ociosidad es la madre de todos los vicios , una vez leí en la biblia que decía "velad y orad en forma constante ya que el maligno os acecha" y dije, creo que eso era hace muchos años y al analizar las escrituras son conocimientos actuales y algunos que no comprendemos pueden ser cosas que estarán por suceder y esto se lleva a cabo con el compromiso y dedicación de miles de hombres que a través de los tiempos se dieron a la tarea de escribir y transcribir las santas escrituras, es decir, todo lo trascendental se logra con compromiso, dedicación y los demás no existe.

Anécdota del monje y el bambú. Hoy ahorra 50 monedas escribe tu cincuenteavo sueño y cincuenteavos recuerdos felices y tomate un té de eucalipto por la mañana. Escucha música Griega y conoce sus ciudades

51- DISCIPLINÁ Y RESPETO

Hay que controlar la emoción y la cólera y usar un factor emocional para superar al otro. Un buen método te ayuda a vencer.

La base para construir cualquier relación interpersonal es el respeto de ideas, actitudes, costumbres y cultura , para poder convivir en armonía pero si se quiere lograr un objetivo en común se requiere disciplina y esta se logra con el orden, limpieza, puntualidad y obediencia a los objetivos trazados, es por ello que hay culturas que les cuesta más trabajo adaptarse a la modernidad y prefieren aislarse en su mediocridad y pobreza y sin embargo un hombre disciplinado y respetuoso en cualquier lugar se integra y logra superarse, ya que tiene las bases y el conocimiento, lo adquieres con el estudio y las habilidades con la practica en un máximo de

21 días te adaptas, pero sin disciplina y respeto no lo lograrás por más años que pasen, y volverás a empezar una y otra vez pensando que el mundo entero no te entiende y te dirás "esto no es para mí" , y harás otra y otra cosas, cambiaras de empleo, no terminarás lo que empiezas, no harás equipo con nadie, te sentirás solo aunque rodeado estés de gente, te volverás miedoso e inseguro y con soberbia no conseguirás nada, porque nadie te dirá disciplínate y respeta, ya que tendrán miedo a que los agredas física o verbalmente. Hoy ahorra 51 monedas escribe tu cincuenta y un sueño y cuarenta quinceavos recuerdos felices y tomate un té de moringa por la mañana. Escucha música de Ucrania y observa sus paisajes.

52- CONOCE TUS REGISTROS ACACHICOS

Es en un lugar llamado akasa en el universo donde se guardan los pensamientos y acciones realizados por nosotros en esta y otras vías como un currículo y nos sirven para saber que bloqueos tenemos en nuestra vida familiar , amorosa , o laboral en nuestros 7 chacras o en nuestros 5 sentidos y como nos engaña la vista y el mal que nos hace desear tantas cosas, tenemos guías familiares que nos dan amor dependiendo su nivel de espiritualidad, después son guías espirituales de planos superiores, son de vidas pasadas o maestros como Jesús, Buda, Krisna que son maestros ascendidos con amor paz espiritual con ayuda de ángeles y arcángeles para conocer la información, o la cual le llamábamos intuición y lo sentimos en la boca del estómago .

Calma mental – supraconciente – subconsciente – inconsciente.

En forma sencilla es nuestra conciencia y está en la glándula pineal. Hoy ahorra 52 monedas escribe tu cincuentaydoseavo sueño y cincuentados recuerdos felices y tomate un té de micle por la mañana. Escucha música de Polonia y conoce sus paisajes.

53- VALORATE Y VENDETE

Haz una lista de tus 10 cualidades y 10 habilidades y luego escribe tres cosas que sobresales eso le sirve que eres mejor que la mayoría que te rodea y recuerda la venta es una profesión próspera y universal, todo el que sabe venderse y vender un producto o servicio, siempre sobresaldrá y económicamente le irá mejor que a cualquier empleado, un vendedor siempre será requerido en cualquier negocio el 80% de las ventas se hacen por la actividad del vendedor. La venta se logra en calificar la lista de personas o empresas que necesitan lo que ofrezco tienen para pagarlo.

Segunda la presentación: como explicas tu producto o servicio de una forma clara y convincente a través de beneficios para mantener la atención contestando preguntas y objeciones hasta hacer que el cliente decida la compra en nomas de 5 minutos, interesándolo en los primeros 5 segundos. Hoy ahorra 53 monedas escribe tu cincuentaytreseavo sueño y cincuenta tres recuerdos felices y tomate un té de por la mañana. Escucha música de Dinamarca y conoce sus paisajes.

Para crear abundancia debes buscar el conocimiento para servir a los demás y después llegará la abundancia. Hay poder en el conocimiento, en el deseo en el espíritu.

Este poder en tu interior es la llave para crear abundancia.

54- NEUROCIENCIA, METAFÍSICA Y TAOÍSMO

Neurociencia: Estudia estructuras = lóbulos- oxipital, frontal, hipotálamo, hipocampo, amígdala, bulbo el afore. Las neurociencias cobijan un área del conocimiento que se encarga del estudio del sistema nervioso, desde el funcionamiento neuronal hasta el comportamiento.

Funciones: Memoria, cognición, motivación, memoria futura.

Bases Moleculares: Neuroquímica y hermanos

Patologías: Alzheimer, esquizofrenia, telepatía, telequinesis

Tangible e intangible dentro del cerebro como un microcosmos

Metafísica: más allá de la física o la filosofía primero de Aristóteles son doctrina que da respuestas a lo que la ciencia natural no puede tiene que estar, interrelacionada con la lógica para que tienen una cosmo visión el pensamiento activo concibe.

Taoismo: se desarrolla en china hace 5000 años filosofía de vida marcial y curativa, habla del todo lo bueno y no bueno ying y yang forman el camino que es el tao el cerebro genera energía que tiene que usar en forma creativa y positiva y no todo lo contrario. El humano positivo siempre busca tener la mente activa ya que el ocio genera destrucción.

Reconocer que somos consecuencia de estas relaciones, que estamos en continua formación y tenemos derecho a la felicidad, a la tristeza, al asombro, a no saber, a no poder, a existir

Hoy ahorra 54 monedas escribe tu cincuenteavo quinto sueño y cuarenta quinceavos recuerdos felices y tomate un té verde por la mañana. Escucha música Alemana y conoce sus paisajes.

55- LONGEVIDAD

Como sentirse bien y sus hábitos para lograrlo.

Hoy empieza pensado como queréis sentirte a los 80 años camina por la mañana inhalando profundamente y exhalando por la boca   mínimo 55 veces durante los 55 minutos que te levantes más temprano para limpiar tu casa, desde el patio hasta el frente, regar las plantas y poner el agua a hervir para tomar té y diciendo buenos días a todos los que mires y además te debes cortar las uñas de los pies cada mes y las de las manos cada quince días, debes mirar el sol cuando va saliendo durante 5 segundos , tomar un vaso con agua cada 2 horas y cenar más

tardar a las 8 de la noche y dormirte lo más tarde a las 10 de la noche, ya que el roció es vida y el

sereno es veneno todos los excesos deterioran la salud una mirada y un sonrisa amables te

alargan la vida, tome un vaso de agua natural cada hora durante el día. Hoy ahorra 55 monedas

escribe tu cincuentaicincoavo sueño y cincuentaicincoavo recuerdos felices y tomate un té de

negro por la mañana.

Una señora de más de 100 años de edad da las gracias por haber sido imperfecta ya que esto le

permitió buscar sonreír a los demás. Escucha música de Noruega y conoce sus paisajes

56- ELIMINA TUS MIEDOS

Elimina tus miedos con serenidad y valor atrévete a cambiar

No nos atrae, vemos a muchas cosas porque son difíciles, pero son difíciles porque no nos

atrevemos a hacerlas, queremos cambiar nuestro destino, cambiemos lo que pensamos y

decimos el día de hoy, la salud depende en gran medida de lo que sentimos.

Emiliano zapata dijo El que quiera ser águila que vuele y el que quiera ser gusano que se arrastre, pero que no grite cuando lo pisen. El miedo a la muerte te hace valorar la vida.

El poder te pone por encima del hombre y por debajo de la muerte

EL poder es pasajero es espíritu te hace inmortal.

Entre más sirvas más valioso eres.

La ignorancia es barata, pero te quita hasta lo que no te pertenece. La sabiduría es hija de la experiencia, hoy ahorra cincuenta y seis monedas.

La sabiduría consiste muchas veces en cambiar, no temas a los hombres, mantiene tu alma fuerte y limpia el único enemigo que debes temer que eres tú mismo, no temas al futuro, ya que hoy tienes todo para mejorar. Jamás te quejes huye de la humildad y la vanidad. Hoy ahorra 56 monedas escribe tu cincuentayseavo sueño y cincuentayceavo recuerdos felices y tomate un té de 7 azares por la mañana. Escucha música de Suecia y conoce sus lugares.

57- EL CAMBIO, PORQUÉ Y PARA QUÉ CAMBIAR

Mahoma enseñaba a sus discípulos en aquellos días un hombre salió al camino y si alguien dejaba una piedra en la vía el hombre iba y la recogía para hacerla a un lado; para que nadie tropezara, si otro arrojaba basura, el hombre la recogía para que el camino estuviera limpio para todos, si otro maldecía, él cantaba para que hubiera un equilibrio en el entorno, si otros se querían pelear el convocaba al diálogo, para que hubiera paz. ¿para qué haces todo eso? ¡si no vas a cambiar el mundo ¡le preguntaban y el contestó, solo cambia al mundo quien se cambia a su mismo, para ser mejor persona y educar con el ejemplo, cambiando el entorno donde habitas y donde laboras.

Hoy ahorra 57 monedas, escribe tu cincuenta y sieteavo sueño y guarda tu cincuenta y siete recuerdo. Hoy tomate un agua de piña en ayunas para disminuir el ácido úrico. Escucha música de Rusia y conoce sus ciudades.

CONCLUSIONES

Fomentar hábito positivo para cambiar y tener un futuro próspero y feliz. Los temas son para darnos cuenta que existen otras formas de pensar sobre la abundancia.

1. Recuerdos, son para sacar lo mejor del pasado

2. Los sueños llenan nuestra mente de peticiones para el universo.

3. Desarrollar el hábito de la lectura por lo menos un minuto diario.

4. Aprender a tomar tés que es costumbre asiática y rusa y además ya lo están adoptando en más partes del mundo.

5. Crear hábitos positivos de convivencia.

Este libro lo hizo EEST con un precio menos caro que la ignorancia, para que lo compren y lo puedan regalar al primo de un amigo.

BIBLIOGRAFIA

Libro   Autor

AGRADESCO A TODOS MIS MAESTROS,

FAMILIARESY AMIGOS QUE ME HAN DICHO QUE SI

ORQUE ME MOTIVARON A SEGUIR Y A LOS QUE ME

IJERON NO PORQUE SE CONVIRTIO EN UN RETO DE

USQUEDA DE LA MEJORA CONTINUA Y PARA QUE

MI UNIVERSO SE EXPANDIERA Y PODER SER   E.E.S.T.

ORQUE ES LO QUE SOY Efraín Enrique SarabiaTelles

ESTOY PARA SERVIRLES..............

Made in the USA
Coppell, TX
07 May 2022